ALBERT BORDEAUX

RHODÉSIE ET TRANSVAAL

IMPRESSIONS DE VOYAGE

Ouvrage orné de gravures

PARIS

LIBRAIRIE PLON

E. PLON, NOURRIT ET Cⁱᵉ, IMPRIMEURS-ÉDITEURS

RUE GARANCIÈRE, 10

1898

Tous droits réservés

RHODÉSIE ET TRANSVAAL

L'auteur et les éditeurs déclarent réserver leurs droits de traduction et de reproduction en France et dans tous les pays étrangers, y compris la Suède et la Norvège.

Ce volume a été déposé au ministère de l'intérieur (section de la librairie) en juillet 1898.

ALBERT BORDEAUX

RHODÉSIE ET TRANSVAAL

IMPRESSIONS DE VOYAGE

PARIS

LIBRAIRIE PLON

E. PLON, NOURRIT ET Cie, IMPRIMEURS-ÉDITEURS

10, RUE GARANCIÈRE

1898

Tous droits réservés

A mes frères Paul et Henry,

Je vous adresse ce livre, composé avec les lettres que je vous ai écrites pendant un premier séjour dans l'Afrique australe, spécialement au Transvaal et en Rhodésie (1895-1896).

Ce ne sont que des notes pittoresques sur le pays et sur les habitants : je n'ai pas voulu m'occuper ici du point de vue économique, que j'ai traité ailleurs en même temps que les questions minières et métallurgiques (1).

Il me semble que la connaissance des hommes et de la nature même d'une contrée a une importance réelle : il faut aimer un pays pour s'y consacrer et vouloir y faire une œuvre utile. Si l'Afrique australe n'a pas la beauté de nos pays du Nord, elle a pourtant des régions intéressantes qui méritent d'être connues et qui ont un charme particulier. J'ai goûté ce charme parfois, et je serais heureux de le faire res-

(1) *Les mines de l'Afrique australe*, par A. Bordeaux. Un volume. Ch. Dunod, éditeur.

sentir à ceux qui ne peuvent venir chez les Boers et chez les Afrikanders.

Mais il y a autre chose que du charme dans les paysages africains : ils offrent un but à poursuivre, bien différent de ceux qui nous agitent dans nos vieux pays d'Europe. Lorsqu'il s'agit de contrées où le sol est riche, les eaux abondantes, le climat admirable, comme en bien des parties de l'Afrique australe, ces pays veulent qu'on les fasse connaître. Il y en a d'autres, comme le Canada et la Sibérie, qui sollicitent aussi notre attention, et qui conviennent peut-être mieux à nos aptitudes et à notre nature; mais l'Afrique du Sud a son soleil et son beau climat. Si elle est fort en retard au point de vue agricole, c'est que certaines régions sont à peine connues, et que les autres sont, depuis plusieurs années, soumises à des plaies de toute sorte : sécheresse prolongée, sauterelles, peste bovine ; mais on peut surmonter tout cela : n'a-t-on pas ailleurs à lutter contre le froid et les intempéries ?

Quant à l'œuvre de l'ingénieur, l'étude géologique d'un pays et, par suite, la connaissance de ses ressources minières et industrielles, elle ne peut que gagner à être accompagnée de la vue pittoresque des choses, qui fait mieux découvrir leur détail; et, en revanche, combien souvent ces points de vue n'ajoutent-ils pas d'intérêt à l'étude attentive des paysages ?

En décrivant les luttes et les travaux accomplis par les pionniers de l'Afrique australe, et en faisant connaître la nature du pays auquel ils ont consacré tous leurs efforts, il me semble servir aussi l'œuvre de sa colonisation; et cette idée m'a encouragé à soumettre au public des pages qui n'étaient à l'origine écrites que pour un cercle de famille. Je voudrais ainsi intéresser ceux qui, prenant une voie souvent pénible, mais souvent aussi hautement récompensée, vont se créer au loin une nouvelle patrie, où qu'ils la choisissent, tout en restant fidèles de cœur à leur vieille patrie française.

Juillet 1898.

Albert BORDEAUX.

RHODÉSIE ET TRANSVAAL

CHAPITRE PREMIER

DE L'ANGLETERRE A BEIRA PAR CAPE-TOWN
L'EXPÉDITION DES PIONNIERS AU MASHONALAND
EN 1890

Juin 1895.

Nous faisons une traversée magnifique, sur le *Norman*, le plus beau des bateaux de l'*Union line* : il a 170 mètres de longueur et jauge 7,300 tonneaux. Ce port de Southampton est une merveille, et les côtes verdoyantes de l'île de Wight, qui le protègent, sont de ce vert si doux, propre aux pays du Nord, que l'on n'oublie plus quand on va vers le Sud. Puis c'est le bleu infini qui commence et qui va durer jour et nuit. Le temps est superbe, la mer extrêmement calme : je ne croyais pas que l'immense Atlantique pût être si calme; sans une sorte de lame de fond qui est très longue, le *Norman* serait aussi immobile que sur un lac de la Suisse. Nous passons cependant quinze à seize heures dans un brouillard assez épais ; la sirène fait entendre son grondement assourdissant toutes les deux minutes. Les journées passent vite : on mange trois fois par jour et substantiellement chaque fois ; c'est la plus grande distraction du bord, car on n'a rien à faire ; quelqu'un dit plaisamment : « A bord on ne travaille pas en dehors de ses repas. » A vrai dire, s'il y a du confort sur le *Norman,* la cuisine, qui paraît bonne les premiers jours, finit par laisser beaucoup à désirer, comme nous le verrons.

Sur le pont on essaye quelques jeux : palets, lawn-tennis, cricket, etc. Dans les salons, on fait de la musique. Un petit orchestre se fait entendre tous les soirs ; il est bien composé, et le chef a beaucoup de goût.

Fait extraordinaire sur un paquebot anglais de la ligne du Cap, il y a neuf Français à bord : c'est la première fois qu'il se dessine un sérieux mouvement de nos compatriotes vers les riches contrées de l'Afrique du Sud, et maintenant que le premier pas est fait, cela va continuer. Ce sont les ingénieurs qui vont les premiers en exploration. Il y a celui de la Compagnie de Mozambique, qui a tracé des centaines de kilomètres de routes dans ce pays et, à soixante ans, y retourne pour la quatrième fois.

Il est probable que nous aurons des soirées théâtrales, car nous voyageons avec une troupe d'opérette composée de quarante personnes, qui va au Cap et à

Johannesburg; et nous aurons même des bals et des bals costumés. Il faut déballer tous ses bagages; les dames du bord s'entendent fort bien avec les actrices, et les messieurs aussi; d'ailleurs, plusieurs sont fort jolies et parlent couramment le français. Le chef de la troupe, M. Marius, est un ancien acteur français, mais il a pris tout à fait l'accent anglais.

En approchant de Madère, nous passons au milieu de dauphins en troupe serrée, les jeunes sautant au-dessus de l'eau, les plus gros lançant en l'air des jets d'eau les uns sur les autres. Nous ne rencontrons aucun bateau, à peine une fumée à l'extrême horizon; nous faisons près de quatre cents milles marins en vingt-quatre heures.

A Madère, nous faisons une relâche de trois heures. Nous en profitons pour aller rendre visite à la *Melpomène*, vaisseau-école des gabiers français arrivé la veille à Madère, venant des Canaries. Le commandant nous fait reconduire au *Norman* dans son canot à douze rameurs qui fait l'objet de la curiosité des passagers : nous nous éloignons des belles montagnes vertes de Madère à midi, salués par l'équipage de la *Melpomène*.

Le soir même, grand concert sur le pont : ouverture pour piano par un Français, obligé de se rendre à la gracieuse invitation du capitaine Bainbridge.

Le beau temps continue, nous doublons Ténériffe

dans la matinée : nous allons maintenant passer douze jours entre le ciel et l'eau sans voir la terre jusqu'au Cap, aussi les passagers ont tout le temps de faire plus ample connaissance. C'est une occasion pour moi de me lier avec mon compagnon de cabine, qui est employé aux mines de diamants de Kimberley. Il a fait déjà de nombreux voyages en Afrique, où il habite depuis une dizaine d'années, quoiqu'il n'ait guère que trente-cinq ans.

Ce matin, en causant avec lui, j'ai découvert qu'il est très au courant non seulement des affaires du Matabeleland, mais que lui et deux de ses amis de Kimberley ont fait partie de l'expédition des pionniers à Fort Salisbury, dans le Mashonaland. C'est cette expédition qui a assuré l'acquisition du territoire de la Rhodesia par la British South Africa Company ou Chartered Company.

Comme je vais justement parcourir ces pays-là, on peut comprendre que le récit de cette marche en avant dans des pays inexplorés m'a fort intéressé, et je crois qu'on lira avec plaisir les détails que je vais transcrire : l'on aura déjà une idée de ces pays et de la manière dont ils ont été conquis avant de les parcourir.

L'Expédition des pionniers au Mashonaland. — Cette expédition commença en juin 1890 : elle avait été conçue par Cecil Rhodes et par son fidèle ami le trop fameux docteur Jameson ; mais le succès en est dû principalement à trois hommes énergiques : le major Pennefather, sir John Willoughby et Selous.

Le colonel de dragons Pennefather, qui commandait l'expédition et qui avait acquis l'expérience des indigènes dans la guerre des Zoulous, fut d'ailleurs très bien secondé par le major Johnson, qui commandait l'avant-garde. Les approvisionnements étaient assurés par sir John Willoughby, bien connu par ses charges de cavalerie de Kassassin et de Tel-el-Kebir et par ses exploits de sportsman. Enfin on ne pouvait mieux confier la direction de la marche et le tracé de la route dans ces régions nouvelles qu'au fameux chasseur Selous, qui partit pour l'Afrique en 1871, à l'âge de dix-neuf ans, et depuis cette époque passa sa vie à chasser chez les Matabélès et sur les bords du Zambèze : il avait tué un nombre incalculable d'animaux qui font l'ornement des musées de l'Afrique, et même de ceux de l'Europe et de l'Amérique.

Selous descend, par son père, d'émigrés français huguenots : les Anglais disent de lui qu'il est un sportsman *of the first water* (de la plus belle eau), un *very excellent shot* (fusil de tout premier ordre) et le *prince of good fellows* (roi des bons garçons).

Le corps des pionniers était composé de deux cents hommes, cent cinquante chevaux, soixante-cinq voitures comprenant plus de cent-cinquante têtes de bétail ; il devait non seulement atteindre le mont Hampden, au nord du Mashonaland, mais construire une route jusqu'à ce point depuis le camp de Macloutsie river, c'est-à-dire sur une longueur de quatre cents milles.

Ces pionniers étaient tous des hommes choisis avec soin pour le service que l'on attendait d'eux ; il y avait là des *prospecteurs* de mines, des mineurs, des fermiers, d'excellents cavaliers ; on a même ajouté des baronnets et des membres du « Pelican club » ; enfin c'était la fleur du Sud africain. Dans les soixante-cinq voitures du convoi étaient transportés un outillage de campement, des vivres, une pharmacie, quatre pièces d'artillerie, un moteur électrique pour la lumière, et même des jeux de cricket, foot-ball, lawn-tennis, et des accessoires de théâtre.

On attendit, pour commencer l'expédition, la fin de la saison des pluies, qui est surtout mortelle pour les chevaux : il y a dans ces régions une maladie de la poitrine qui sévit sur eux et qu'on n'a pas encore réussi à guérir. Ceux qui y ont échappé ne la reprennent plus : on les appelle des chevaux *salted,* et ils se vendent beaucoup plus cher que les autres. Cette maladie a été une cause de grandes pertes pour la Chartered Company.

Dans le camp de Macloutsie, trois semaines furent consacrées à des exercices d'artillerie et d'escarmouches ; ce camp, à 750 mètres d'altitude, près d'une eau excellente, est un endroit très sain, parfaitement choisi.

Le départ eut lieu le 25 juin. Les six premiers jours, on poussa la marche avec rapidité, sans prendre d'autre repos que le strict nécessaire. On fit ainsi soixante milles (environ cent kilomètres), soit dix milles par jour, et l'on atteignit l'endroit actuellement désigné sous le nom de Fort Tuli. La route était construite au fur et à mesure de l'avancement, avec des bois abattus et des terrassements ; toute la région est très boisée.

A Matlapulta, on rencontra six sœurs de la Mercy qui furent accueillies avec enthousiasme ; elles eurent déjà l'occasion de montrer leur dévouement en soignant quelques malades. Cette station fut pourvue d'un poste de quatre hommes ; c'est actuellement Fort Matlapulta.

Fort Tuli est défendu naturellement par sa position un peu élevée sur des pentes douces, non loin du Limpopo, qui borde la frontière nord du Transvaal. La rivière Tuli, qui passe au voisinage, y atteint une largeur de 500 mètres ; les bords de cette rivière sont couverts de roseaux de quatre à cinq mètres de hauteur, et le pays est très boisé. On y entend les rugissements des lions et les cris des chacals, des hyènes et des loups ; on sait que l'hyène suit toujours le chacal pour trouver sa nourriture, car elle est totalement dépourvue d'odorat.

La machine électrique fonctionnait toutes les nuits, éclairant les alentours du camp et maintenant les animaux à distance.

A Tuli, les visites d'animaux sauvages furent fréquentes. Les lions abondaient en cet endroit ; depuis lors, on leur a fait une chasse si acharnée qu'ils disparaissent rapidement : dans deux ou trois ans, on n'en rencontrera plus.

Certaine nuit, un des amis de M. X..., qui était de garde avancée, fut surpris par un lion qui parut à vingt mètres de lui à peine, et semblait l'observer avec attention. Le clair de lune était superbe, et l'on y voyait comme en plein jour. Il y avait entre le lion et l'homme un petit arbre dont le tronc avait environ dix centimètres de diamètre, et cette position de l'arbre, précisément devant la tête du lion, empêchait le garde de tirer de manière à blesser mortellement l'animal, et pourtant cela était d'autant plus nécessaire que le fusil était à un seul coup. Il s'écarta donc de sa position pour tirer, et, visant le lion entre les deux yeux, il fit feu. Mais l'animal, lui aussi, avait bougé, et ne fut que légèrement atteint. A peine le coup parti, il se précipita sur l'homme en rugissant, la gueule ouverte et les yeux étincelants. Il était inutile de songer à recharger une arme en ce moment. Le garde eut cependant, dit-il, assez de présence d'esprit pour se rappeler ce mot de Livingstone, « que la blessure du lion est parfois mortelle, lors même qu'elle n'est que légère, à cause des chairs en putréfaction qu'il lui arrive de dévorer et qui restent entrent ses griffes » : il n'eut d'ailleurs pas le temps de l'expérimenter. Il tenait son fusil par le canon, avec la vague idée de le placer dans la gueule du lion, et il poussa un cri d'alarme. Le lion était presque sur lui ; mais, à ce cri, il s'arrêta net, paraissant subitement refroidi dans son ardeur ; il regarda l'homme d'un air assez paisible, et même non déplaisant, selon le mot du garde, et, se retournant tout à coup, il dépassa l'homme de quelques pas, puis, galopant rapidement, il disparut.

A Tuli, 150 indigènes vinrent aider à fortifier la position et à construire la route qui contourne la base du fort. Tuli est un endroit superbe comme végétation, les fruits y abondent, les arbres de dix mètres de circonférence, les baobabs, n'y sont pas rares, et leur pulpe, la crème de tartre, sert à la fabrication d'une sorte de bière très hygiénique et utilisée comme médecine dans le pays. La colonne quitta Tuli le 11 juillet pour faire les 140 milles qui la séparaient de la Lunde river.

Plusieurs ponts furent construits sur cette partie de la route. De Tuli à Bubye Rivers, sur 74 milles, la région est couverte de bois inhabités, interrompus par des clairières où s'élèvent les Kopjes, collines granitiques isolées et près desquelles on trouve fréquemment des sources. Le pays est peuplé d'animaux sauvages : éléphants, girafes, buffles, zèbres, mais surtout de daims et d'antilopes, très appréciés des chasseurs de la petite colonne.

La population indigène des pays de Bubye Rivers est très douce, et reçut très amicalement les Européens. Elle était l'objet des incursions des Matabélés, qui venaient enlever les femmes et les enfants ; aussi les villages étaient-ils perchés dans des endroits très hauts et inaccessibles, sur les rochers des Kopjes. Les huttes n'étaient que des abris de branchages, à couvert seulement des vents les plus violents. Le nom de ces indigènes est *Banyans*. Trois de leurs chefs vinrent visiter la colonne. Contre des chèvres ou des boucs, ou des farineux, fèves, etc., on leur donna des couvertures ornées, des étoffes voyantes ; aux chefs, on donna même des fusils Martini.

L'arrivée à la rivière Lunde vint mettre en fuite des lions qui jouaient sur le sable. C'est à Lunde que commence la région qui dut autrefois entretenir une nombreuse population. Vers l'ouest, on trouve d'anciennes ruines très importantes, ainsi qu'au nord-est, près de Victoria, où se trouvent les ruines célèbres de Zimbabyé.

Pour arriver à Victoria, il faut traverser une gorge longue et très étroite, qu'on appela le « Providential

Pass ». Cette gorge n'avait jamais encore été traversée par des blancs. Longue de 12 kilomètres, elle monte de l'altitude de 870 mètres à celle de 1,200 mètres, au sommet du col ; les pentes sont boisées, le site est grandiose mais étroit, et eût été bien favorable à une embuscade. Ce fut pour la colonne un vrai soulagement que d'en sortir sans avoir été attaquée ; elle aurait subi des pertes sérieuses. Au delà, le paysage se découvre, et l'horizon apparaît lointain, et comme une éclaircie après la tristesse des bois obscurs auparavant traversés.

Victoria est à 1,500 mètres d'altitude, et les environs arrivent à 1,700 mètres. Jamais les indigènes de cette région n'avaient vu un blanc, et les chevaux excitèrent autant d'étonnement que les hommes à la peau blanche. Ainsi les pionniers faisaient vraiment la découverte d'un pays nouveau, encore inexploré, et ils durent éprouver de rares sentiments en y pénétrant. Ils étaient d'ailleurs bien reçus par les indigènes, qui les regardaient comme des êtres supérieurs et ne demandaient qu'à leur obéir. Ceux-ci aidèrent à construire le fort Victoria.

Sur ce plateau de Victoria, la maladie des chevaux disparaît, mais les pauvres bêtes furent soumises à un autre fléau : les lions en enlevèrent plusieurs. La colonne s'installa aussi confortablement que possible à Victoria, en attendant les ordres de sir John Willoughby.

Pendant que les pionniers étaient à Victoria, sir Willoughby avait reçu un ultimatum de Lobengula, roi des Matabélés, qui lui ordonnait de retourner en arrière, sous peine d'avoir à subir les conséquences de son envahissement, c'est-à-dire d'avoir la guerre avec les Matabélés. Willoughby partit aussitôt pour rejoindre les pionniers. Il trouva à Fort Victoria une vraie foire de village, avec jeux de cricket et de foot-ball, match à la carabine, balançoires, etc. Et, la nuit, le village était éclairé par la machine électrique.

Après avoir conféré avec les chefs de la colonne, Willoughby décida de ne tenir aucun compte de l'ultimatum et de pousser en avant, en ajoutant seulement au corps des pionniers les deux cents hommes de la police venus avec lui, deux canons Maxim et des munitions. Selous partait en avant à un jour de distance, afin de tracer la route dans le Mashonaland qu'il connaissait déjà. Le 19 août, Victoria était abandonné, confié seulement à la garde de quelques hommes.

La colonne ne marchait que rarement dans la matinée, à cause des bœufs que la grosse chaleur du jour fatigue beaucoup et prédispose à la maladie. La marche principale se faisait de quatre heures à neuf heures du soir. A dix heures ou onze heures on sonnait le couvre-feu, et l'on dormait autour des voitures, à la garde de nombreuses sentinelles dispersées sur douze ou quinze milles de superficie : la machine électrique projetait ses feux à plus de mille mètres de distance.

A 90 milles de Victoria, à la source des rivières

Umgezi et Sabi, fut construit le fort Charter et, à 68 milles plus au nord, le fort Salisbury, à 8 milles du mont Hampden, l'objectif de l'expédition. Salisbury ne fut pas placé au pied du mont Hampden, à cause du manque d'eau en cet endroit. Ce ne fut pas sans une joie hautement manifestée que l'on vit de loin les croupes du mont Hampden se profiler sur le ciel. On arriva à Fort Salisbury le 12 septembre ; c'était sur des collines à la lisière de grands bois, près d'une petite rivière. Un chevreuil égaré avait traversé de bout en bout la ligne de marche de la colonne. Le grand plateau de Salisbury est à 1,700 mètres d'altitude et toujours rafraîchi par la brise.

Pendant cette marche de 400 milles, pas un coup de feu n'avait été tiré par les pionniers ; il n'y avait pas un pour cent de malades, les autres étaient en parfaite santé, à peine fatigués. Depuis Mafeking, ils avaient fait 800 milles environ, à raison de 10 à 11 milles par jour avec 65 chars à bœufs pesamment chargés.

Le colonel Pennyfather passa la revue de la colonne, le drapeau anglais fut arboré sur un mât, le révérend Balfour récita une prière d'action de grâces, trois hurrahs furent poussés pour la reine Victoria, et vingt et un coups de canon furent tirés.

Tel est le récit de la marche des pionniers qui a décidé de l'occupation, par l'Angleterre, du Mashonaland et plus tard du Matabeleland. Le récit de la guerre du Matabeleland en 1893 contre le roi Lobengula, guerre dans laquelle les volontaires anglais furent conduits par le docteur Jameson et le major Forbes, est le second chapitre de l'occupation, le troisième étant rempli par la révolte des noirs en 1895. Mais il serait trop long de décrire ici ces événements, et, après cette digression déjà longue, mais que l'on n'aura pas, je l'espère, jugée fastidieuse, nous reprenons notre journal (1).

L'Équateur. — A 8 degrés avant l'Équateur, la chaleur devient assez forte, bien que le ciel soit couvert ; le soir, pendant un concert organisé sur le pont, qui a été tendu de drapeaux, un orage s'élève, mais reste éloigné et ne dure que deux heures.

Nous avons passé l'Équateur par un ciel couvert et un vent tellement frais qu'il fallait plutôt se couvrir. Le lendemain, cependant, le soleil se lève superbe dans un ciel sans nuage, et il fait une chaude journée. Les vieilles plaisanteries de la ligne sont épuisées, mais nous en trouvons de nouvelles : comme notre marche s'était ralentie, nous avons convaincu un brave garçon un peu simple que c'est à cause de la difficulté de monter le renflement de la terre à l'Équateur, et que, passé la ligne, la descente se fera beaucoup plus vite. L'événement nous donne raison, et c'est tout juste si nous ne nous convainquons pas nous-mêmes.

(1) Pour compléter ce récit, nous avons emprunté plusieurs détails à l'ouvrage de MATHERS : *Zambezia.*

La mer est toujours d'un calme extraordinaire, et, sans la houle de fond, le bateau semblerait immobile : d'ailleurs il faut y prêter attention pour sentir cette houle, et presque pas une des dames du bord n'a le mal de mer.

Le menu du bord se raréfie et l'on vit de conserves ; il n'y a pas de viande fraîche, et l'on nous sert même des choses qui sont près de nous donner le mal de mer, des blancs-mangers et des gélatines de toutes couleurs. Et puis ce sont les sauces impossibles, mélanges de toutes sortes de produits pimentés, toujours les mêmes d'ailleurs. On se rappelle involontairement le mot de Veuillot : « Les Anglais ont une infinité de religions, mais une seule sauce. » Vraiment, ils en sont restés à la cuisine du moyen âge, à celle que Guillaume le Conquérant leur a importée de France, et si, comme le prétend un de nos passagers, la cuisine est l'indice de la civilisation, ils sont bien en retard.

Le bal masqué était assez réussi : les dames avaient de brillants costumes. Parmi les hommes, il y avait un costume assez curieux, mais évidemment incommode, c'était un phare électrique. Le bateau est si long qu'on ne sait pas ce qui se passe à 60 ou 80 mètres de distance, dans les salons, le bar, les fumoirs, sur les divers points du pont. C'est une ville flottante.

Je regarde, le soir, la Croix du Sud; lorsqu'elle commence d'apparaître, elle me semble bien peu brillante, comparée à nos constellations du Nord : mais à mesure que nous allons au Sud, elle monte dans le ciel, et son éclat augmente. Cependant le ciel austral me paraît inférieur au ciel boréal, sauf la Voie lactée, qui a des zones semblables à une poussière éblouissante avec des vides absolument noirs.

Le vent se lève, il a soufflé assez fort les derniers jours avant d'arriver au Cap; c'est le cas général, à l'extrêmité de l'Afrique, la mer est plus agitée. Les jours baissent incroyablement ; c'est le brusque passage de l'été de France à l'hiver du Cap, et il fait froid, il faut se couvrir. La nuit tombe très vite, vers cinq heures, et la lune montre, nous affirme-t-on, une face un peu différente de celle à laquelle nous sommes accoutumés, peut-être voit-on un peu plus le bord du sud, un peu moins celui du nord : la figure qu'on y distingue rappelle celle des deux Amériques, et non plus la tête de bonhomme qu'y voient nos paysans ; c'est sans doute affaire d'imaginations différentes.

Ce dernier soir, il y a soirée et bal d'adieu sur le pont : voilà dix-sept jours que nous sommes sur ce bateau avec les mêmes personnes, et l'on finit par s'y attacher ; demain nous nous quitterons, et Dieu sait si nous nous reverrons : il y a des figures plus sympathiques qu'on a de la peine à quitter. Nous voici enfin en vue des montagnes du Cap, qui font une longue ligne très accidentée dont les sommets dépassent 1,300 mètres ;

avec les nuages qui pendent de la Table, on croirait arriver sur les côtes d'Écosse. Le temps a été si beau, et nous avons été si seuls sur le grand cercle si borné de l'horizon de la mer, qu'il ne nous semble pas que nous nous soyons déplacés depuis les côtes de la Manche : depuis hier pourtant, le temps est couvert, et il vente; la houle est assez forte, mais le bateau est si long qu'on ne sent qu'un fort roulis. Nous avons fait 5,979 milles marins en 397 heures, soit une moyenne de 15 milles à l'heure.

Le Cap. — Tous nos projets sont changés. Nous comptions aller en Rhodesia par Kimberley et Mafeking et en sortir par Beïra, et l'on nous fait entendre qu'il vaut mieux y aller par Beïra et la colonie de Mozambique, parce que ce dernier pays serait en pleine saison des pluies et difficile à traverser en décembre prochain. Nous nous laissons convaincre et nous retenons nos anciennes cabines sur le *Norman*, qui nous conduira jusqu'à Durban (Natal), d'où le bateau allemand qui fait le service sur la côte est d'Afrique nous transportera à Beïra.

En attendant, nous profitons d'une relâche de trois jours pour visiter Cape-Town. C'est une ville en amphithéâtre devant une baie assez large, enfermée dans une sorte de cirque naturel formé par la montagne de la Table et ses deux contreforts de droite et de gauche, ce dernier appelé *Lion's head*, la tête du lion, dont il évoque la forme. La ville a peu de véritables monuments. Il y a des façades très ornées et de grand effet, comme celle du Parlement, de la gare du chemin de fer, et quelques autres. Les artères principales sont larges, et elles sont animées. Les cabs circulent comme à Londres, mais ils sont peints en blanc, et les cochers sont des nègres ou des Hottentots.

Ce qu'il y a de plus désagréable, c'est la poussière, qui devient une boue rouge épaisse lorsqu'il a plu et rend difficiles les courses à pied, surtout dans certaines rues; elle fait des taches ineffaçables. Nous avons embarqué à la gare plusieurs compagnons de voyage en route pour Johannesburg : l'un d'eux nous avait amusés par ses mésaventures; n'ayant jamais fait grand'chose, il allait sans doute continuer au Transvaal, sous le prétexte d'y chercher fortune. Arrivé au dernier moment avec son billet de seconde classe, il s'est rencontré dans son compartiment en face de trois nègres; passer soixante heures avec ces faces noires et ces peaux noires qui sentent mauvais, il y avait de quoi le rendre plus fou qu'il n'était; heureusement nous avons réussi à lui trouver une meilleure place.

Nous sommes descendus à l'International Hôtel, une sorte de villa tout en haut de la ville, au pied de la Table, dans des massifs d'arbres et de fleurs. Là nous avons pu nous refaire un peu l'estomac de la nourriture échauffante du bord. Figurez-vous des fraises, des ananas, toutes sortes de fruits sur une table couverte de fleurs, du poisson excellent, des vins du Cap, et cela avec les bains de mer, des promenades charmantes dans une campagne couverte de beaux arbres, et des forêts toutes blanches au soleil du *silver tree,* l'arbre d'argent. Ces journées au Cap sont merveilleuses ; il ne fait pas très chaud, le vent est frais, on se refait vraiment dans un pareil climat.

J'ai gravi plus de la moitié de la montagne de la Table ; le reste paraît à pic et inaccessible, il faut connaître les sentiers et les passages qui permettent d'arriver au sommet, et c'est une ascension dangereuse, car il ne se passe guère de journée sans que les nuages viennent couvrir la cime et pendre le long des parois comme de la ouate : il y a eu plusieurs accidents, des gens tombés dans le vide sans l'avoir vu, ou bien n'ayant pu retrouver leur sentier de retour, et obligés d'errer des journées et des nuits dans le brouillard. Mais, au grand soleil, la vue est immense sur les mers du Sud, où, dans un lointain infini, se confondent le bleu du ciel et celui des eaux.

Le long des « Twelve Apostel », les Douze Apôtres, ainsi qu'on appelle les montagnes qui prolongent celle de la Table, une route en corniche borde la mer ; cette route est taillée dans le roc, au pied duquel les vagues viennent déferler avec ces bruits profonds et sans nombre dont parlait Homère. C'est une promenade unique; on peut la continuer au delà des montagnes pour aller à Constantia et de là à Wynberg en faisant le tour de la Table, et parcourant les avenues de chênes et de pins, le long desquelles s'étalent les riches villas des habitants de Cape-Town, entourées des vignobles qui produisent les fameux vins du Cap.

Je ne pourrais décrire dignement le jardin botanique de Cape-Town, qui est unique au monde : les plus grands arbres des pays froids y poussent côte à côte avec les grands palmiers des pays tropicaux, sur des pelouses couvertes de buissons et de fleurs de tous les climats. Le sol est si riche et le climat si égal et si doux qu'il se prête aux plus diverses manifestations de la vie. C'est pour cela aussi que tant de malades, dont le plus célèbre est Cecil Rhodes, y ont retrouvé une santé magnifique, après avoir cru leurs forces épuisées.

Cecil Rhodes. — J'ai vu l'honorable Cecil Rhodes, alors dans toute sa gloire, mais cependant d'une simplicité antique. Il nous a reçus, mon compagnon de voyage et moi, pendant quinze à vingt minutes dans son cabinet. Ce cabinet est dans une maison minuscule en face du Parlement; il est petit, et un grand bureau en occupe la majeure partie. Rhodes est un fort bel homme, très grand et vigoureux, l'air énergique et cependant très doux. Je trouve qu'il ne ressemble pas aux portraits bien connus qu'on a donnés de lui ; sa chevelure devient grise, et il a le front haut et large, très symétrique, le front d'un homme admirablement équilibré et capable d'une immense puissance de travail. J'ai remarqué chez lui une sorte de grâce dans sa pose et son attitude pour écrire une lettre : ce n'est pas seulement une intelligence supérieure et très active, ce doit être un homme séduisant, un charmeur. Il est très jeune, quarante-deux ans environ, et, comme il le dit plus tard, sa carrière ne fait que commencer. Un homme comme lui est une force dont on doit se servir, et d'ailleurs il sait en même temps si bien attirer et retenir la sympathie qu'il devient irrésistible. Jameson lui a été dévoué jusqu'au fanatisme, et il est juste de reconnaître que Rhodes, après la fameuse équipée du docteur dans le Transvaal, n'a pas dit un seul mot pour désavouer Jameson et a pris toute la responsabilité de l'affaire. C'est peut-être un exemple de ce qu'était l'amitié antique, plus forte et plus durable que toutes les circonstances, et dont on peut dire comme Shakespeare :

> So that eternal love in love's fresh case
> Weighs not the dust and injury of age
> Nor gives to necessary wrinkles place
> But makes antiquity for aye his page (1).

(1) Ainsi l'éternel amour, dans cette nouvelle circonstance, ne se soucie pas de la poussière et des injures de l'âge, non plus que

J'ai vu aussi le docteur Jameson, avec son air sérieux, mais simple et bon enfant. Il nous a reçus assis sur une table dans le salon d'attente de la Chartered Company; n'ayant jamais encore entendu parler de lui, je n'ai connu sa qualité qu'en sortant des bureaux ; c'est la simplicité anglaise, souvent si charmante. Il est très bon, et tous ceux qui ont eu des rapports avec lui lui gardent de l'amitié et de la reconnaissance, comme je l'ai vu plus tard en Rhodesia.

Avec nos lettres de recommandation de Rhodes et de Jameson, nous sommes sûrs du meilleur accueil partout en Rhodesia, et il est temps maintenant de mettre à la voile pour Beïra, après avoir goûté, mais si peu, les délices du Cap.

De Cape-Town à Beïra. — Nous partons du Cap à quatre heures du soir. Le vent est frais et assez fort, la mer semble devenir houleuse, on a de la peine à passer à l'avant du bateau et à s'y tenir. Quelques vagues arrivent jusque sur le pont, qui dépasse l'eau cependant de cinq à six mètres; malgré sa longueur, le *Norman* est fortement balancé. C'est bien là la mer qui devait être d'un passage difficile pour les bâtiments à voiles ; elle semble s'opposer à ce qu'on la franchisse.

A l'arrière, le vent souffle et bruisse dans les cordages, le long des couloirs et des bastingages ; la mer

des rides inévitables, mais il asservit à jamais le temps pour être son page.

fuit en grinçant et gémissant sous les deux hélices. Ce château d'arrière est un vrai spectacle, on y est abrité du vent et à l'aise pour en jouir.

Le jour baisse, Vénus brille très haut dans le ciel. La côte d'Afrique est une suite de montagnes rocheuses hautes de 1,000 mètres et plus, dentelées, surmontant une berge de terre étroite, ou plongeant directement dans la mer. C'est la prolongation de la Table, et cette longue barrière paraît infranchissable. Je m'amuse à chercher avec une lorgnette les passages possibles entre ces rocs pointus, par des ravins arides. Il y en a quelques-uns, mais fort peu. Là-haut, de ces plateaux étroits au delà des pointes, on aurait une vue splendide sur la mer; mais personne ne songe à les visiter, sans doute, balayés qu'ils sont sans cesse par les nuages et les vents. Il ne se passe guère de jour qu'ils ne soient ensevelis dans les nuages.

Une route étroite longe la côte, elle devient ensuite un sentier dans les rochers. Il n'y a pas d'habitations, mais des récifs nombreux, et des bancs de sable parfois remontant les berges. Au sud, des bandes de nuages sortent de la mer à l'horizon et affectent des formes tourmentées de montagnes très hautes et très lointaines; on aurait la nostalgie d'aller là-bas, vers ce pôle Sud.

Le Cap des Tempêtes. — Il fait très frais, je vais mettre un manteau. Cet arrière du *Norman* qui oscille de droite et de gauche en s'inclinant vers les abimes creusés par les vagues, me rappelle certaine gravure du vaisseau de Tristan et Yseult dans la tempête; et les bruits des vents, ces bruits sourds contre les roofs et sifflant dans les cordages, font une symphonie étrange avec les mugissements des vagues et des eaux qui fuient derrière nous. La nuit est tombée tout à fait; il n'y a aucune lune, mais les seules étoiles, pour rendre plus saisissants encore les bruits et les sons innombrables de la magnifique symphonie des vents et de la mer.

Après le diner, je demeure longtemps sur le pont. Nous voyons filer plusieurs phares à éclipses. Le dernier qui passe est très haut sur une crête plus noire que l'horizon tout noir. C'est le véritable cap de Bonne-Espérance, autrefois le cap des Tempêtes : son éclat passe par gradation jusqu'à devenir éblouissant, puis il baisse jusqu'à devenir un point à peine visible, et cette révolution se renouvelle chaque minute. Le fameux cap est franchi, et maintenant il semble se produire une légère accalmie. Bonne espérance pour notre voyage, est-ce là ce que cela veut dire? Ce passage des dernières hautes cimes de l'Afrique du Sud demeurera un souvenir inoubliable.

Ce n'est qu'après minuit que nous passons la pointe extrême de l'Afrique australe, le cap des Aiguilles. Ce sont toujours des montagnes, mais beaucoup moins

ROCHERS GRANITIQUES. COL DE MANGWE (RHODÉSIE)

hautes, et nous en longeons de nouvelles dans la matinée suivante, cette fois à l'est de l'Afrique.

La mer est maintenant presque calmée, et nous sommes bien tranquilles sur le pont devenu solitaire du *Norman*, car les passagers sont très peu nombreux. Je n'avais pas joui de la mer jusqu'à cette soirée d'hier ; elle avait été trop calme, et hier encore ce n'était point assez, j'aurais désiré voir une violente tempête, ce doit être extraordinaire.

Le mauvais temps recommence et nous empêche de débarquer à Port-Elisabeth. La ville, qui longe la baie d'Algoa-Bay, paraît toute neuve. Depuis la construction des chemins de fer de Grahamstown et de Graaf-Reinet, une quantité de propriétés ont été achetées sur cette côte de la colonie du Cap, qui est toute verte et paraît très fertile, en même temps que le climat très tempéré en est excellent. C'est une preuve de plus que les ports et les voies ferrées sont le plus sûr moyen de colonisation.

East-London. — Nous avons été retardés trois jours à East-London ; la mer était mauvaise, et il était impossible de transborder les cargaisons. Là nous avons quitté le *Norman* pour prendre un autre bateau de la même Compagnie, le *Trojan;* il arrive à peine à la moitié du tonnage du *Norman*, mais c'est un joli bateau de type plutôt français, avec le pont d'arrière entièrement découvert, ce qui offre beaucoup d'espace et d'agrément. S'il y a moins de luxe que sur le *Norman*, la pension est bien meilleure et l'on jouit de la vue de moutons vivants. Ces pauvres bêtes étaient pourtant bien malades pendant la traversée agitée que nous avons eue jusqu'à Natal.

Durban. — Durban, ou Port-Natal, est la perle de l'Afrique du Sud, avec sa riche campagne, ses collines couvertes de forêts et de villas, ses plages pour les bains de mer et son admirable climat; on l'appelle déjà, depuis que la voie ferrée est achevée, le *Brighton* de Johannesburg. Le jardin botanique est fort curieux; mais que cette végétation, toute luxuriante qu'elle soit, avec ses énormes feuilles, sa régularité monotone, sa symétrie, est loin des délicatesses de nos feuillages du Nord! Tout cela est plus monstrueux que beau, et je lui préfère un coin perdu de nos montagnes de la Savoie ou des Pyrénées.

Nous n'avons pas le temps de séjourner à Durban, et nous repartons pour Delagoa-Bay. Hier nous longions le Zoulouland. Vu de cette distance et vers le soir, il me faisait l'effet des collines du Jura. Je comptais quatre ou cinq rangs de collines étagées et boisées. Nous avons croisé un superbe voilier portant dix-huit voiles aussi blanches que la neige, et peint lui-même tout en blanc; c'était un resplendissement sur le bleu de l'Océan. C'était là la vraie navigation autrefois, celle où les Portugais, les Hollandais et nous-mêmes avons triomphé. La vapeur a transformé tout cela et changé le sort de bien des colonies. On ne peut revenir en arrière, et c'est presque dommage. Quelle sensation ce doit être de voyager sur un de ces grands voiliers qui glissent sans bruit sur les flots, sous ces grandes voiles pendantes là-haut comme des ailes de grands oiseaux !

A bord, l'on entend les conversations les plus étranges. Ces aventuriers qui voyagent ne paraissent pas toujours avoir grande délicatesse, ni grande élévation d'idées ; ils traitent avec le plus grand sérieux des choses absurdes. Il n'y a pas chez certains d'entre eux ombre de sens philosophique et même moral. S'il faut un certain courage pour s'expatrier au loin, il est des gens pour lesquels c'est devenu une nécessité par leur propre faute, et cela ne les rend pas supérieurs aux gens qui restent dans leur pays, ni ne leur donne le droit de les mépriser. Je ne crois pas que le premier venu verra s'élargir ses idées, parce qu'il ira chercher des aventures en Afrique ou ailleurs. Les voyages ne donnent pas d'idées à ceux qui ne sont pas capables d'en avoir. Par contre nous avons aussi des compagnons de route très intéressants, et j'aurai l'occasion d'en rencontrer d'autres au Charterland et plus tard au Transvaal.

Lorenço-Marquez. — A Lorenço-Marquez, ou Delagoa-Bay, on se croirait en pleine colonie française, on n'entend parler que le français. Ce port se développe tous les jours depuis l'achèvement (mai 1895) du chemin de fer qui le relie à Prétoria et à Johannesburg. La rade naturelle est immense ; c'est la plus belle de toute l'Afrique du Sud, mais le service du port est absolument insuffisant, de même que celui des chemins de fer. L'encombrement est colossal, il n'y a pas de wharfs. Les Portugais, qui possèdent ce beau port, sont jusqu'à présent tout à fait au-dessous de leur tâche, et les pertes d'argent qu'ils font par leur lenteur sont incalculables. Tout un côté de la rade est occupé par des marais, et il importe d'assainir cette côte ; jusque-là Lorenço-Marquez gardera sa réputation méritée d'être insalubre. C'est à peine si l'on a tracé des rues pour construire les nouveaux quartiers à bâtir. Et cependant le sol est formé d'une terre rouge très meuble dans laquelle on avance avec peine ; il faut également y construire des routes. Il est vrai que les pauvres Portugais sont en guerres presque continuelles avec les chefs nègres de l'intérieur, et les Anglais, qui convoitent Mozambique, ne se font pas toujours faute de susciter des querelles dont leur habileté saurait profiter.

Pour l'inauguration de la ligne de Prétoria, qui venait d'avoir lieu, il y a encore dans la rade trois croiseurs portugais, un allemand, et un cuirassé à tourelles hollandais, la *Reine Wilhelmine :* ce dernier a donné un grand bal à tous les colons français et portugais et aux Boers venus du Transvaal. Ceux-ci sont venus par centaines; le gouvernement boer leur a offert gratuitement un voyage à la côte, pour leur faire admirer Lorenço-Marquez et comprendre l'importance de ce port. C'est la première occasion que j'ai de prendre contact avec les Boers, ces gens de haute taille, à la barbe fleurie, dont les aventures au Transvaal, les Vacances des jeunes Boers, ont tant récréé notre jeunesse. Mais ils sont encore fort en retard dans leurs connaissances. Ceux-ci viennent tous les matins voir à l'aurore le soleil sortir de la mer, comme ils le croient à la lettre.

Le bateau allemand l'*Admiral*, qui fait le service de la côte est de l'Afrique nous transporte de Lorenço-Marquez à Beïra. La côte est basse, mais très boisée : on sent déjà la végétation des tropiques; sans la brise de la mer, il ferait chaud, car le temps est superbe. Notre bateau, qui a déchargé toute sa cargaison, se trouve en équilibre tout à fait instable sur la mer, et ses oscillations contrastent avec la stabilité du *Norman*.

Avant de voir Beïra, on distingue au loin quelques dômes blancs qui appartiennent à l'ancienne Sofala. Ce port a dû d'être abandonné, parce qu'il s'ensablait, et tout le commerce qui s'y faisait avec l'intérieur s'est transporté soit à Chiluane, soit à Beïra. Il y a une légende qui fait de Sofala l'ancien port de la reine de Saba, celui où les bâtiments du roi Salomon venaient chercher l'or et l'ivoire pour le temple de Jérusalem.

Notre longue traversée, qui dure depuis plus d'un mois, va bientôt prendre fin, et quand nous allons mettre pied à terre, ce sera pour longtemps. Mais avant d'être en rade de Beïra, il faut décrire un immense arc de cercle, de façon que le bateau reste dans le chenal creusé par la rivière Pungwe au milieu des sables de la mer pendant plusieurs milles. Ce chenal est marqué par des bouées qu'il faut déplacer tous les ans, car le lit de la Pungwe change de place : Beïra, avant d'être devant nous, est d'abord figurée par une ligne d'arbres dont les sommets seuls émergent de l'eau derrière nous. Cette côte est très basse, toute couverte de brousse et de grands arbres.

Bientôt des toitures en tôle ondulée commencent à émerger derrière des cargo-boats ancrés dans la baie. C'est Beïra, la première ville dont nous sommes destinés à admirer l'architecture de tôle ondulée. Encore un retard, l'*Admiral* s'est ensablé; malgré les efforts de l'hélice, qui tourne à toute vitesse, il ne remue pas plus qu'une bouée. Au bout d'un arrêt qui paraît long, nous finissons par sortir d'embarras et par rentrer dans le lit de la Pungwe.

Le débarquement a lieu par le soleil le plus ardent que j'aie encore expérimenté, et nous voilà enfin sur les sables mouvants de la plage de Beïra, au milieu des noirs qui gesticulent en transportant nos bagages.

CHAPITRE II

DE BEIRA AU CHARTERLAND.

Beïra. — Voilà trois jours que nous sommes obligés de passer à Beïra, sans en pouvoir sortir. La voie ferrée n'existe pas encore d'ici à Fontesvilla; on fait ce trajet en bateau à vapeur, sur la rivière Pungwe, et il n'y a pas de bateau avant le lundi, c'est-à-dire une fois par semaine.

Beïra est un site plutôt sain : en ce moment il fait beau, et l'on jouit de la brise de mer, mais il y a des moustiques qui vous empêchent de dormir, et aussi d'énormes rats qui grimpent la nuit sur vos couvertures. Et il faut voir ce que sont les hôtels de Beïra pour connaître le confortable de la tôle ondulée.

Les propriétaires de ces hôtels ont pourtant fait tout ce qu'ils ont pu dans un endroit si écarté de toute communication; le bateau n'y passe qu'une fois par mois, et il n'y a pas encore de télégraphe. J'ai fait un nouveau séjour de trois jours à Beïra en septembre 1896, et j'ai pu y constater de notables améliorations : le télégraphe est établi maintenant avec Salisbury et Cape-Town, il y a deux services de bateau par mois, les hôtels se meublent, le railway de Fontesvilla est terminé, et enfin le quai ou wharf de la Chartered Company est près de son achèvement. Ce dernier ouvrage est même un véritable défi jeté à Lorenço-Marquez, et à l'indolence portugaise. Alors que cette ville, qui date de quatre cents ans et qui possède la plus belle rade de l'Afrique du Sud, qui est depuis dix ans le port naturel du plus riche pays de cette région, le Transvaal, n'a pas encore de quai, Beïra, qui date de deux ans à peine, possède un beau wharf en fer monté sur pieux à vis, où les bateaux ayant un tirant d'eau même de douze mètres peuvent débarquer à quai toute leur cargaison. C'est un bel exemple de l'audace et de la ténacité britanniques.

En 1895, il y avait près de deux cents blancs à Beïra, des Français employés de la Compagnie de Mozambique et de maisons de commerce, comme Fabre de Marseille et la Compagnie de Manica, puis quelques Anglais et quelques Allemands, et des troupes portugaises. La douane appartient à la Compagnie de Mozambique et lui apporte le plus clair de son revenu. De la douane, qui est au bord de la mer, la ville de Beïra s'étend en une longue rue, bordée de maisons en tôle ondulée possédant seulement un rez-de-chaussée, sauf une ou deux exceptions. Cette rue est dans un sable très fin, où l'on enfonce à tel point qu'il a fallu faire un trottoir maintenu par des rondins de bois serrés, pour les piétons. Le service des voitures est remplacé par un tramway sur rails, un véritable jouet d'enfant qu'un noir suffit pour pousser en trottant dans l'intervalle des rails, où le sol est plus ferme que dans le sable. Il y a place pour deux personnes vis-à-vis l'une de l'autre, dans l'unique tramway, qui est découvert; le gouverneur a son wagon spécial de mêmes dimensions, mais orné de dessins d'un goût portugais, et fermé, ce qui le rend évidemment d'une chaleur intolérable.

L'hôpital et la maison du gouverneur sont les plus beaux monuments de Beïra, si l'on ose se servir de ce nom. Toutes ces cases de tôle sont situées sur une lagune de sable qui, paraît-il, disparaît presque sous l'eau dans la saison des pluies. Seules les maisons émergent; aussi ont-elles généralement leur niveau inférieur supporté par des pilotis à quelques décimètres au-dessus du sol. La marée, le vent et les vagues déplaçaient ce sable, et il a fallu organiser, sur toute la plage, un système de palissades en bois parallèles qui forment un soutien et une protection; on parle de construire un véritable quai en pierre, mais ce serait difficile et coûteux, car la pierre n'existe pas à Beïra. On parle aussi de changer la ville de place. Il existe un marais derrière la lagune, et ce marais serait malsain, si la mer ne le remplissait fréquemment. On transporterait Beïra sur l'autre rive de la Pungwe, où le sol est tout à fait ferme; ce n'est plus le sable, et la végétation est abondante. Ces villes de tôle ont au moins l'avantage de se déplacer facilement, on les plie et les déplie comme des châteaux de cartes.

Nous sommes allés voir le village nègre, qui n'est pas trop répugnant. Pour y arriver, il faut traverser un pont en bois long de 150 mètres, en payant 0 fr. 20. Ce village est formé de cases en roseaux et en terre, dans un paysage de pelouses vertes et de bosquets de grands arbres. Ces arbres sont curieux : ils ont le tronc vert comme les feuilles, et les branches, vertes aussi, sont tordues, souples et arrondies, comme des lianes; ils me font l'effet de monstres à cent bras, à tentacules, comme des poulpes. C'est ce qu'on appelle l'arbre à fièvre, *fever-tree*. Il donne l'impression de la fièvre, il a le teint vert de la décomposition, mais il paraît qu'il est tout à fait inoffensif, et, de fait, les indigènes ont leurs cases sous ses ombrages, et Beïra n'est aucunement insalubre et fiévreux.

Le gouverneur est Portugais. C'est un vieil Africain de Mozambique; il a de vastes projets qu'il creuse à l'ombre de ses cheveux et de ses sourcils noirs, en tortillant une énorme moustache noire qu'il regarde comme unique en Afrique. Il se compare facilement à

Cecil Rhodes, mais jusqu'ici son principal mérite a consisté à favoriser par-dessus tous les autres les Anglais, parce qu'il a senti leur supériorité en conceptions et en capitaux. Ceux-ci en profitent pour lui arracher concessions sur concessions, qu'ils enlèvent aux Français de la Compagnie de Mozambique.

Ces Français de Beïra nous ont fort bien accueillis ; le drapeau tricolore de la maison Fabre, dont le mât est le plus haut de tous ceux de Beïra, a abrité plus d'un gai repas, où l'on a retrouvé avec un plaisir non dissimulé la cuisine française et les vins de France, assaisonnés de propos gaulois et de l'esprit natal, qui se retrouvent aux colonies les plus lointaines : on me l'a dit plus tard au Transvaal et ailleurs, la conversation française est unique, et son esprit, qui la distingue de tout autre, ne perd jamais ses droits dans les milieux les plus cosmopolites.

De Beïra à Fontesvilla. — Le voyage de Beïra à Fontesvilla est très intéressant, mais à travers un pays absolument malsain et fiévreux. Les chasseurs de Beïra y trouvent les lions et toute sorte de gibier, mais ils trouvent aussi la fièvre dans ces fouillis de broussailles et de véritables forêts vierges, où habitent cependant quelques nègres. L'abondance de la végétation dans ces parages fait presque l'effet d'une maladie de la nature. Les bords de la Pungwe sont marécageux. Nous n'avons pas eu le mérite de faire à pied ce trajet;

nous avons pris le bateau de la Chartered Company, le *Kimberley*, qui fait le service, quand il peut, de Beïra à Fontesvilla.

Nous partons vers cinq heures du matin; il fait nuit et plutôt frais. Un canot nous transporte, nous et nos bagages, à bord du *Kimberley*; c'est le commencement des embarras que vont nous donner des bagages trop pesants. Si jamais vous devez voyager en Afrique, prenez autant de colis que vous voudrez, pourvu qu'ils soient légers et ne dépassent pas la charge d'un noir; c'est un principe anglais, et dont on se trouvera toujours bien.

La Pungwe est une large rivière dont le courant est extrêmement lent, à tel point que, pour la remonter, le bateau doit profiter du flux de la mer pour le porter au-dessus des bancs de sable qui obstruent son lit. Il faudrait arriver à Fontesvilla avant que la marée soit à toute sa hauteur, pour ne pas risquer d'être ensablé; malheureusement la distance est grande : il y a 40 milles, et le lit de la rivière est si irrégulier et sinueux que le bateau risque, à chaque instant, de sortir de la zone profonde pour se jeter sur un banc de sable. Aussi il ne se passe pas un voyage sans que le *Kimberley* soit obligé de s'arrêter; il arrive encore à se dégager des premiers ensablements, mais quand la mer cesse de monter, il en devient incapable : un bateau à roues et à fond plat rendrait un bien meilleur service que le

Kimberley, qui a une quille et une hélice. On m'ajoute, mais je le crois difficilement, que le capitaine du *Kimberley* a tout intérêt à ensabler son bateau, car les passagers restent un jour de plus à bord à leurs frais.

Sur les bords couverts de roseaux, de hautes herbes, de brousse et de grands arbres, nous apercevons des crocodiles qui se chauffent au soleil; c'est à peine si on distingue leurs corps, couverts d'un limon vaseux, des troncs d'arbres bruns échoués. Les hippopotames abondent dans les bas-fonds. Nous croisons une flottille de canots en écorce, quelques-uns montés par des noirs qui pêchent en pagayant; les autres sont attachés en face de quelques paillotes nègres dont les habitants nous regardent passer. Ils cultivent des céréales et une sorte de fruit dont ils font une bière amère, qui est leur unique boisson. Les lions et les grands quadrupèdes abondent tout autour d'eux, mais ils ne viennent pas les déranger outre mesure. Un Français de Beïra, M. Monod, vient chasser le lion, depuis plus de dix ans, dans ces régions; il en a tué un grand nombre, et il mériterait d'être tout aussi célèbre que Selous; seulement, s'il sait bien raconter ses aventures, il n'a pas, comme Selous, le don de les écrire : il lui faudrait son Homère.

Enfin, après plusieurs échouages dont nous sommes sortis, voici le dernier dont nous ne sortirons pas. Mais nous n'avons pas la patience d'attendre à demain.

Nous faisons mettre à l'eau un canot, et nous voilà sur la Pungwe, avec quatre nègres qui rament en chantant en cadence. Ce sont deux heures sous un soleil torride. Ces noirs, sans rien pour les garantir, ni sur la tête ni sur le corps, sont couverts de sueur, mais ils ne cessent pas de chanter. Des oiseaux leur répondent sur les forêts des deux rives. L'un surtout nous poursuit longtemps; c'est un gros oiseau noir et blanc dont le cri rappelle celui d'une girouette rouillée grinçant sur son axe.

C'est un soulagement que de voir bientôt quelques cases qui indiquent l'approche de Fontesvilla. Le débarquement se fait sans trop de peine, sauf un colis qui tombe à l'eau; aussitôt, et dans son remous, un de nos noirs se précipite en plongeant, sans se soucier du voisinage des crocodiles; il paraît que, si l'on agite l'eau violemment, ils n'osent s'approcher. C'est égal, nous sommes heureux de voir émerger le pauvre diable; la sueur qui l'inondait a fait place à l'eau de la rivière, que le soleil a tôt fait de sécher, bien qu'il approche de son déclin. Les rives sont escarpées, la rivière s'est ouvert son lit dans la terre, les lourds colis ont peine à être hissés, mais nous voici enfin à l'hôtel de Fontesvilla.

De Fontesvilla à Chimoio. — Cet hôtel en tôle ondulée s'appelle pompeusement le Royal Hôtel, mais il a le mérite d'être propre; il est tenu par un Anglais.

Ce sont les Anglais qui ont construit le chemin de fer de Fontesvilla à Chimoio, et beaucoup sont morts à la peine dans ce milieu humide et fiévreux : ils ont déjà fait montre de cette énergie et de cette activité, dont nous trouverons tant d'autres preuves au Mashonaland.

Après le dîner sur la terrasse à pilotis, en face de la grande plaine, le *flat* de Fontesvilla, où se dessine la gare de chemin de fer à distance, nous dormons tant bien que mal sur des lits sans draps, première étape des nuits nombreuses à peine abritées, ou même au clair des étoiles, que nous allons passer dans cet immense intérieur du continent africain. C'est la poésie de la nature africaine qui commence, et qui est due aussi à ce climat merveilleux dès qu'on est sorti de la zone fiévreuse des côtes, à ce ciel sans nuages qu'on retrouve chaque matin du même bleu infini, sans jamais s'en lasser, et sans jamais avoir à s'inquiéter le soir pour les voyages et les travaux des lendemains, qui suivront toujours les mêmes. C'est le ciel d'Afrique qui a rendu seul possibles les immenses voyages des explorateurs, et dont on dit qu'on prend plus tard la nostalgie quand on en a goûté une fois.

A cinq heures du matin nous sommes à la gare et bientôt embarqués avec nos bagages, après avoir donné un coup d'œil aux ateliers en tôle et à la rivière où va bientôt s'élever le pont en fer sur pieux à vis dont on nous a parlé à Beïra, et qui doit établir la jonction avec la voie ferrée de Beïra à Fontesvilla.

En compagnie d'un ingénieur de la Compagnie de Mozambique et d'un prospecteur écossais qui a un caractère tout à fait méridional, nous allons faire 120 milles en chemin de fer à travers un pays qui auparavant était presque infranchissable, à cause de la présence de la mouche *tsétsé*, dont la piqûre est mortelle pour les bœufs. C'est la *fly country*, région abondante en gros gibier, buffles, antilopes, lions, etc. ; on dit que cette mouche accompagne partout ces animaux sauvages, et que leur destruction entraîne celle de la mouche. La tsétsé n'est pas plus grosse qu'une mouche ordinaire, mais elle est de couleur brune et possède un aiguillon ; elle est inoffensive pour l'homme, les noirs ne sentent même pas sa piqûre.

Cette région, du moins la partie en plaine, le flat de Fontesvilla, est en outre très fiévreuse, et les ouvriers qui ont travaillé à la construction de la voie ferrée sont morts en grand nombre. Lorsqu'on ne fait que la traverser, comme Rhodes ou Jameson, elle n'est pas dangereuse, mais ceux-ci ont eu du moins le mérite d'y passer lorsqu'elle était encore à peu près inconnue ; il est même arrivé à Rhodes de s'y égarer tout à fait en compagnie d'un Boër nommé de Vaal (Duval).

Le flat de Fontesvilla, qu'on traverse pendant les trente à quarante premiers milles, me donnait l'idée de ce que doit être la *jungle* des Indes. La plaine est couverte d'une herbe très haute, atteignant deux ou trois mètres, d'un jaune éclatant, parsemée de palmiers de différentes espèces, dattiers, cocotiers, etc., les uns au tronc court entourés de branches et de feuilles ou de broussailles, les autres au tronc droit et élancé, hautes colonnes ombragées d'un bouquet vert agité par le vent avec ce bruit métallique particulier des feuilles rigides, si différent du bruissement de nos délicats feuillages du Nord. La voie court toute droite à travers les herbes et les palmes; de temps à autre on distingue des antilopes, des buffles, et on leur envoie, mais sans grand espoir, quelques balles du martini, le fusil le plus usité en Afrique, à cause de sa simplicité solide et parce qu'on trouve partout ses cartouches. Le soleil devient ardent, mais la marche du train en tempère l'ardeur par le courant d'air qu'il produit, et d'ailleurs on est fort à l'aise dans le wagon long et étroit, sur les banquettes cannées qui se font vis-à-vis en face du paysage, ou sur les plates-formes. La voie n'a que deux pieds de large, on traverse la plaine à la vitesse de vingt kilomètres à l'heure, et l'on a tout le temps de jouir commodément de ce paysage tropical.

Bientôt l'on pénètre dans les premières montagnes à travers un étroit vallon. Le paysage change tout à fait de caractère. Ce pays est magnifique : il est couvert de forêts, des forêts de grands arbres dont je ne sais pas encore les noms, et dont beaucoup me rappellent l'acacia, le chêne ou les grands feuillages du châtaignier. Il fait bon sous ces épais ombrages : on fait halte uniquement pour prendre de l'eau et ramasser du bois mort pour chauffer la locomotive. Il y a des broussailles et parfois des fourrés, mais en général le sol est couvert d'herbe, et je profite des arrêts pour cueillir quelques petites fleurs éclatantes et de très fines graminées. Dans ces fourrés il y a des bêtes sauvages, et il n'est pas rare, paraît-il, de rencontrer des lions couchés sur la voie et qui ne se décident à partir qu'à l'arrivée de la locomotive ; mais nous n'avons pas eu la chance d'en rencontrer. C'est un plaisir rare que de pouvoir contempler les bêtes sauvages les plus terribles dans leurs forêts, tout en étant en pleine sécurité. Il y a quelques semaines, un noir qui voyageait le long de la voie ferrée a été surpris et égorgé par un lion ; on nous montre la place et ce qui reste de ses ossements, presque rien, les vautours et le soleil ont tout détruit ; nous rencontrons aussi des carcasses de bœufs, et les débris d'une voiture qui a servi à Rhodes, nous dit-on.

Le vallon a pris fin, il faut maintenant gravir les pentes de ces montagnes ; on s'y est pris d'une manière fort ingénieuse pour éviter les lacets, qui n'étaient pas possibles. La voie revient sur elle-même en faisant un rebroussement. Le mécanicien descend de sa machine, manœuvre l'aiguille, remonte, fait machine en arrière, et la locomotive repousse le train sur une autre voie qui s'éloigne de la précédente en gagnant en hauteur. Puis nouveau point de rebroussement : le mécanicien redescend, manœuvre un nouvel aiguillage, fait machine en avant, et le train suit la locomotive sur une nouvelle voie dominant la précédente. Ce manège reprend sept ou huit fois, et nous arrivons enfin au sommet de la montagne; les pentes ont presque cessé, l'ombre du vallon a disparu, l'on voyage en pleine lumière, sous un ciel serein que cachent à intervalles les ombrages des palmiers et des autres grands arbres. Les cocotiers sont fort curieux ; avec leur tronc renflé au milieu, on dirait le col d'un serpent qui a avalé une proie volumineuse. D'autres ont de larges feuilles en éventail terminées par des griffes, et un fruit jaune éclatant sur le vert du feuillage.

Nous traversons une jolie rivière d'une eau très limpide, sur un pont en bois, et l'on fait halte pour abreuver la locomotive et aussi les voyageurs ; c'est un endroit des plus pittoresques et qui le serait davantage encore s'il y avait, comme ce doit être à l'aurore, des daims et des antilopes venant s'y désaltérer : il y a comme des pelouses d'un vert magnifique sur les bords de l'eau, entourées de fourrés impénétrables sous des ombrages de toutes sortes; on sent une douce fraîcheur au milieu de cette végétation africaine dans toute sa splendeur, et pourtant qui ne diffère pas tant de notre végétation forestière en France.

Les forêts recommencent, puis ce sont, avec des clairières, des bouquets d'arbres et des fourrés, et enfin des forêts d'autres grands arbres ; on dirait les superbes forêts d'ormes de la Transylvanie. Nous faisons une halte vers cinq heures du soir, au 80e mille, dans un endroit charmant, sous ces beaux ombrages : il y a une auberge fort propre, l'on nous sert un excellent dîner où les poulets jouent le rôle principal. Le train s'arrête là en général pour la nuit, et repart le lendemain matin pour Chimoio ; mais on a fait une exception pour nous, et nous repartons vers six heures du soir. Si nous avions su quels lits nous attendaient à Chimoio, nous aurions préféré rester au 80e mille, où l'auberge était si propre. A défaut de confortable à l'hôtel, la végétation du moins gardera toute sa luxuriante splendeur.

Nous arrivons à la station sanitaire, l'hôpital, à dix milles environ avant Chimoio, tout à fait au sommet des crêtes ; de là on redescend vers Chimoio, qui est bien moins salubre. Nous faisons halte à l'hôpital pour attendre le docteur, qui était auprès d'un malade ; c'est une jolie maisonnette dans un site paisible où l'on aimerait à se reposer. Mais il est nuit depuis longtemps, et l'on est presque fâché de voir enfin briller les rares lumières de Chimoio après seize à dix-sept heures dans des régions si curieuses.

3.

De Chimoio à Umtali. — Nous allons faire un séjour de trois jours à Chimoio, parce que nous avons manqué, grâce au *Kimberley*, la correspondance avec le *coach*, la malle-poste qui fait le service de Chimoio à Umtali. C'est plus qu'il n'en faut pour bien visiter cette station portugaise, pauvre village de cinq ou six huttes en roseaux et en terre qui s'appellent des magasins, la poste et des hôtels. Nous sommes au *Premier Hôtel*, du titre de Cécil Rhodes, le premier ministre du Cap, *the Premier*, comme disent les Anglais.

Pour passer le temps, nous allons faire une visite au gouverneur de Chimoio, un commandant portugais. Il habite, à trois milles de la station, une maison isolée ; c'était l'ancien site choisi pour la colonie. Le site actuel est malsain, au milieu des marais ; on nous affirme pourtant que ce sont les Anglais du railway qui ont décidé d'établir là leur terminus provisoire. Pour se rendre chez le commandant, on monte en pente très douce un sol couvert de très hautes herbes, sous les ombrages de la forêt, qui n'a pas cessé depuis les premières montagnes. Nous sommes armés, car il y a du gros gibier, et mon compagnon le prospecteur, qui est un peu Tartarin, me raconte des histoires de lions qu'on lui a dites au *Premier Hôtel*, et qui l'ont évidemment frappé. Mais pas le moindre rugissement ne nous émeut jusque chez le gouverneur.

De ce poste on voit au loin un ancien fort portugais

au sommet d'une montagne toute pointue. Nous dînons en plein air, au son d'une boîte à musique venant de Suisse, qu'un noir remonte après chaque audition. Ces airs vont bien avec ce site alpestre, et c'est un peu l'air du pays qui vient évoquer son souvenir lointain. Évidemment, sauf les plaisirs de la chasse, la vie n'est pas très gaie à Chimoio. Pour nous y reconduire, le gouverneur a fait venir son *trolley*, plate-forme sur quatre roues à boudin qui roule sur la voie ferrée. Nous y montons, et, après l'élan donné, les deux noirs qui l'ont amenée y montent avec nous, et nous voilà, à cause de la pente, glissant à toute vitesse sur Chimoio. Au dernier contour, le frein nous retient peu à peu, et le trolley s'arrête sans secousse, ayant fait en quelques minutes le trajet qui nous avait coûté une heure de marche.

Les chambres à coucher du Premier Hôtel sont en roseaux; les cloisons existent à peine, et les lits sont sommaires, mais surtout il y a des insectes et d'autres bêtes désagréables; ce n'est plus la propreté anglaise, et, malgré les efforts qu'on fait pour nous trouver à dîner, et malgré le billard, qui est le seul souvenir de la civilisation dans ces parages, nous avons hâte de partir vers de nouveaux horizons, vers cet Umtali qu'on nous a tant vanté. La grosse difficulté à résoudre, c'est d'assurer le transport de nos bagages les plus lourds. Le *coach* ne peut s'en charger; il est réservé aux voyageurs et aux colis légers. Ce sont des wagons à bœufs qui font les lourds transports, et vont mettre des semaines et des mois pour faire le trajet que le *coach* va faire en deux jours et deux nuits, de Chimoio à Umtali par Massi-Kessi. Impossible de faire autrement, il faut en passer par là.

Le coach s'ébranle pour partir de Chimoio à minuit. Il fait frais, presque froid, il faut mettre des manteaux et des couvertures, et il est impossible de dormir dans cette voiture à peine fermée par des toiles cirées et où l'on est très secoué. En guise de chevaux, nous avons cinq paires de jeunes taureaux, des *bullocks* qui savent trotter, mais à leur façon, laquelle n'est pas très rapide. On fait halte toutes les deux ou trois heures à un relais pour changer les bœufs; au matin, nous pouvons trouver quelque chose pour déjeûner; c'est un soulagement de voir le jour, on sait enfin où l'on est, la nuit étant absolument noire.

Le pays est très boisé toujours; il y a des mimosas, des orangers sauvages, puis l'arbre à sucre, l'acajou, le mapani, et surtout beaucoup d'acacias à feuilles très fines retombant comme des franges. Ces arbres sont espacés sur un sol de hautes herbes, parfois couvert de broussailles et de lianes faisant des fourrés impénétrables. Il y a des lions et des panthères : à chaque relais on nous montre des peaux de ces bêtes sauvages tuées tout récemment. Cette forêt a poussé sur un sol de sable, et la route s'enfonce dans ce sable en véritables fondrières ; on tâche de les éviter en passant à travers les bois, dans les hautes herbes. La voiture va si lentement que nous mettons pied à terre, et nous nous enfonçons dans la forêt, en quête de gibier. Tout ce que nous voyons, ce sont des antilopes, mais ces bêtes nous font perdre la route, et il faut courir à travers les grandes herbes. C'est l'occasion pour notre Tartarin de nous rappeler le voisinage des lions ; les moindres *frouts* des oiseaux dans les herbes et les branches le font regarder avec inquiétude. Il a une idée géniale : si un lion paraît, vite il enflammera toutes ces grandes herbes jaunes avec sa boîte d'allumettes, et on sait que les lions ont peur du feu. Les lions ne paraissent pas ; ils se reposent sans doute pendant la chaleur du jour, attendant la nuit pour commencer leurs chasses, aux rendez-vous près des sources où vont s'abreuver les antilopes. Ce sont des heures qui se passent, et vers le soir seulement nous retrouvons notre *coach ;* ces noirs insouciants n'ont pas prêté la moindre attention à notre absence : en Afrique, il ne faut compter sur personne, il faut se tirer d'affaire tout seul.

Nous ne sommes qu'à minuit à Massi-Kessi, le dernier poste portugais et le siège de l'administration des mines de la Compagnie de Mozambique : c'est le terme du voyage de l'ingénieur qui voyage avec nous et que je ne retrouverai que quinze mois plus tard à Beïra.

Massi-Kessi. — Voilà trente-six heures que nous sommes debout, dont vingt-quatre en voyage. Nos conducteurs nous laissent, et dans leur intérêt surtout, je pense, quelques heures de repos; on ne repartira qu'à quatre heures du matin. C'est une aubaine dont il faut profiter, et encore avec une inquiétude : songera-t-on à nous réveiller? Curieux endroit que ce Massi-Kessi, que je n'ai vu ce soir qu'à la lueur des étoiles; il me semble cependant plutôt pittoresque. C'est un vallon boisé où l'on a bâti quelques huttes, mais il n'y a aucune installation pour l'ingénieur des mines de la Compagnie de Mozambique. Notre pauvre compagnon de voyage va être bien mal logé; heureusement il est homme à se tirer d'affaire. Pour le moment, il est tout à la joie de retrouver dans un employé de la Compagnie un ancien camarade de collège; il y a de ces rencontres vraiment curieuses; après quinze ans, se retrouver au milieu de l'Afrique! Comme ils sont tous deux du Midi, on peut deviner leurs effusions. Il faut les faire taire pour obtenir quelques heures de sommeil.

A quatre heures nous sommes debout, mais le *coach* est déjà loin; nous voilà courant pour le rattraper au fond d'un ravin profond. Il est nuit noire, Orion brille en plein ciel, et cette vue que je n'attendais pas éveille en moi brusquement le ciel de l'autre hémisphère. Au fond du ravin nous remontons en voiture, mais c'est ensuite un nouveau ravin plus creux encore, et les berges en sont raides à faire frémir. Les cochers ne peuvent retenir la voiture, qui n'a pas de freins, et voilà les dix *bullocks* au grand galop, et la voiture bondissant sur les cailloux et les rocs qui remplissent la route, et qu'il est impossible de voir. C'est un miracle qu'il n'arrive pas d'accidents sur des routes pareilles, et que les voitures ne soient pas brisées mille fois.

Les arbres continuent; sur le sol il y a des graminées compliquées, peut-être rares, d'énormes bruyères violettes, des fleurs rouge écarlate.

Peu à peu la région devient dépourvue d'arbres. Nous montons le *Christmas pass* ou *passage de Noël,* date de son premier passage par le chasseur Selous qui a tracé cette route. On passe le col, et nos bœufs peuvent aller plus vite en descendant dans un joli vallon au fond duquel paraîtra bientôt Umtali. Ces pauvres bœufs sont éreintés, et pourtant les relais sont fréquents. Les cochers et les postillons nègres se fatiguent autant qu'eux, et il faut ces gens-là pour conduire des bœufs dans un pays pareil et par ce soleil qui est ardent, en vérité, de midi à quatre heures.

Ce postillon est un jeune nègre fort dégourdi. Il porte un veston jaune et des pantalons courts, avec un chapeau de feutre pointu à larges bords. Il a une figure expressive; les nègres de ce pays ne sont pas mal vraiment. Quand il se retourne, il sourit, et ses prunelles blanches et ses dents blanches tranchent sur sa peau noire; il rit, et ce rire si naturel est gentil tout de même; on s'habitue vite aux physionomies des nègres.

Voici enfin la rivière d'Umtali, si fraîche et si limpide, puis les premières maisons, mais il est nuit, et il faut attendre le jour pour en faire la connaissance. En attendant, pour la première fois depuis Beïra, nous avons bon souper et bon gîte, tout cela de bon augure pour le Charterland.

CHAPITRE III

LE MANICALAND.

Umtali. — La première chose qui me frappe le matin à Umtali et me donne une haute idée du confort qui y règne, c'est la vue d'une bicyclette. L'hôtel lui-même est agréable, avec sa véranda ombragée de plantes grimpantes et de quelques arbres.

Nous allons passer quelques jours à Umtali et au Manicaland avant de partir pour Salisbury, qui est le but principal de notre voyage. Le premier jour est consacré au repos, un repos qu'on goûte vraiment dans ce cadre paisible de montagnes et de collines parsemées d'arbres. La ville est sur une plaine étroite couverte d'herbe, la prairie tout à fait. Les rues sont fort larges; on voit qu'on n'a pas ménagé l'espace, il ne coûte rien.

Le Manicaland est une des trois régions qui forment le Charterland ou Rhodesia; les deux autres sont le Mashonaland, dont Salisbury est la capitale, et le Matabeleland avec Buluwayo pour centre. Salisbury est la capitale de tout le pays, mais Umtali, comme nous le verrons plus tard, est peut-être l'endroit le plus agréable à habiter.

Ce soir, il y a une représentation à l'hôtel ; décidément nous sommes arrivés à propos. Il y a surtout une comédie bien amusante, *le Jury*. Le personnage principal est un juge, et la pièce est d'autant plus plaisante que ce rôle du juge est rempli par le juge même d'Umtali, que nous avons vu juger une affaire le matin même et qui joue dans le même costume ; ces Anglais sont étonnants. Et ils savent si bien s'implanter dans un pays, qu'ici déjà nous voyons des noirs parlant l'anglais avec une rare perfection.

Nous ne ferons qu'une course fort rapide dans les districts miniers, n'ayant pas le temps de nous y arrêter, car le travail nous attend à Salisbury.

Presque tout le district minier du Manicaland anglais et portugais, ce dernier avec Massi-Kessi pour centre, est compris sur la route directe d'Umtali à Massi-Kessi, route plus courte, mais beaucoup plus accidentée que celle que nous avons parcourue en coach.

Le Manicaland. — On croirait voyager dans certaines montagnes de la Suisse ; les sentiers sont escarpés et caillouteux, mais les arbres sont rabougris et les huttes des nègres qui paraissent de temps à autre, et les vieux travaux de mines détruisent vite l'illusion, et puis le soleil est bien plus ardent. La cascade de la rivière d'Umtali, qui brille là-bas au soleil, donne seule une courte impression de fraîcheur; lorsqu'on arrive au sommet du vallon, là où les eaux d'Umtali se séparent de celles du Revue, la vue s'étend sur un magnifique panorama de montagnes étagées. Il y a là une sorte d'observatoire naturel au croisement de deux chaînes de montagnes presque à angle droit : l'endroit s'appelle *Crow's nest,* le nid de corbeaux; c'est en effet une aire d'aigle dominant de centaines de mètres les vallées de Mozambique : tout au fond, dans le lointain, on distingue à peine Massi-Kessi.

La végétation devient plus riche, mais le sol continue à être couvert de vieux travaux de mines, puits et galeries; il en est *honeycombed,* disent les Anglais, c'est-à-dire semblable à un rayon de cire vierge. L'eau est abondante et le sol est riche; c'est vraiment là une terre d'avenir, plus que celle des environs d'Umtali. La végétation devient tropicale; sur les eaux et sous les arbres se forment de gracieuses arcades de bambous; sur le sol s'épanouissent les grandes fougères. Les verts sont d'une teinte admirable, mêlés aux couleurs rouges des jeunes pousses : ce n'est plus comme autour d'Umtali, où les arbres semblaient donner à regret aussi peu d'ombre que possible.

Il est hors de doute que les filons aurifères de cette région ont été travaillés autrefois, et qu'en outre beaucoup d'alluvions aurifères ont été lavées sur les bords de la rivière d'Umtali, sur celle du Revue et sur ses affluents, le Zambusi et le Ménène; il reste à savoir les résultats qu'obtiendra l'industrie moderne, sous l'énergique impulsion que lui donnent les pionniers et les capitalistes anglais, et, il est juste d'ajouter, les efforts intelligents des Français de la Compagnie de Mozambique.

Les noirs ont longtemps exploité les alluvions aurifères des rivières d'Umtali et de Revue par des puits de cinq à six mètres de profondeur; il est question actuellement de les reprendre sur une plus grande échelle par la méthode hydraulique.

Revenant à Umtali, nous avons visité l'hôpital, qui domine la ville et qui est fort bien tenu par des *nurses*. Umtali n'a qu'un défaut, c'est d'être trop loin de la rivière; on parle de déplacer la ville, à cause de la voie ferrée qui va être commencée incessamment et ne peut arriver à l'emplacement actuel sans occasionner des dépenses supérieures à ce que coûtera le déplacement d'Umtali. Cependant on a déjà beaucoup construit : la maison Fabre de Marseille, entre autres, dispose d'un bel emplacement et a bâti un vaste magasin ou entrepôt. C'est un plaisir de trouver encore ici des compatriotes et les couleurs françaises. Ce plaisir se double de reconnaissance en présence de l'aide que nous y trouvons pour assurer nos bagages. Le service est si mal fait encore entre Umtali et Salisbury que je me verrai forcé d'abandonner à Umtali tout ce que j'ai envoyé depuis Chimoio, et je ne le retrouverai que l'année prochaine. En route donc pour le Mashonaland avec une valise.

D'Umtali à Salisbury. — Le coach part d'Umtali à une heure du matin. Un dernier incident avant de partir : le bruit de la voiture qui s'ébranle réveille en sursaut un jeune Anglais étendu à terre à la suite des libations de la soirée, un des ces blonds insulaires qui cultivent la boxe ; il rêve sans doute à son sport favori, et le voilà qui se précipite vers nous en criant : *Where is the fight?* où est-ce qu'on se bat ? Son erreur dissipée, il repart, l'air fortement déçu, suivi des rires homériques des passagers, qui durent plus d'une heure ; ils deviennent drôles, eux aussi.

La voiture est bondée ; il y a avec nous des prospecteurs, des commerçants, le *public prosecutor*, ou procureur général de Salisbury ; ce personnage est unique dans le Charterland, et se transporte d'une ville à l'autre avec la justice ; enfin l'ex-gouverneur portugais de Beïra, M. de Meyrelles ; toute une société, comme on voit, et les conversations ne vont pas languir.

Le voyage d'Umtali à Salisbury est surtout intéressant, à cause de la nouveauté des paysages et du mode de locomotion. Cette fois, ce ne sont plus des bullocks, mais des mules qui nous traînent, et nous allons presque deux fois plus vite.

Après être sortis des montagnes par une dernière montée fort raide passée pendant qu'il fait nuit, le pays change. Il devient plat, peu varié, et ne paraît pas être fertile. La végétation consiste en petits arbres rabougris très espacés, poussant au milieu d'une herbe jaune sur un sol de sable ou de rochers granitiques.

Ce qui est tout à fait curieux et original, par exemple, ce sont des amoncellements de rochers, comme détachés d'anciens pointements de granit et tombés les uns sur les autres dans les positions les plus bizarres. On dirait des colonnes posées sur des piédestaux, de véritables fenêtres monumentales ouvertes sur des ruines, ou même, de loin, des châteaux gothiques avec des tours crénelées. Des monticules entiers sont composés de ces débris de roches et semblent se désagréger de plus en plus en morceaux qui s'effritent; aussi les contours en semblent-ils extrêmement tourmentés, suivant les effets des érosions. Ce sont de vraies ruines naturelles, des ruines géologiques.

On peut suivre maintenant encore, sur quelques dos de granit surgissant du sol, l'effet, qui dure toujours, de cette destruction par les siècles et les intempéries des saisons, les vents, les pluies, et surtout l'extrême sécheresse de l'air qui règne dans tout le centre de l'Afrique. Le granit se fend suivant des alignements très longs, et des blocs s'en détachent peu à peu; on en distingue qui ne tiennent plus guère et sont suspendus le long de grandes fentes.

Entre ces monticules qu'on appelle des *kopjès* (mot boer qui veut dire tête), le sol est couvert d'herbe et de petits arbres, et la route, faite uniquement par le passage des *coachs*, s'y déroule à perte de vue en longs serpents sinueux, évitant les bouquets d'arbres.

Mais, à cause du sable, les conducteurs préfèrent maintes fois prendre à travers champs, et vous voyez la diligence, un grand break recouvert, traînée par dix mules, galopant dans la prairie au milieu des arbres et des hautes herbes sans chemin tracé. Aussi il y a des chocs énormes, on traverse des creux où passe un peu d'eau et qu'il faut sauter. Les cochers sont assez habiles cependant pour éviter les plus gros blocs. Il y en a deux : l'un tient les guides, l'autre le fouet en peau d'hippopotame, assez long pour atteindre les mules de tête; celui-ci est un Hottentot, et il ne prend pas une seconde de repos, il harasse ses malheureuses bêtes.

On s'arrête pour manger à des *stores* ou magasins, après plusieurs relais successifs. Vraiment on n'y mange pas mal, on a du lait et du beurre frais. Dans plusieurs pendent des dépouilles de lions et de lionnes fraîchement tués. Les stores sont des maisons de ferme propres et presque confortables; presque toutes ont des fleurs; ils ont été donnés par la Chartered Company à des pionniers de l'expédition, et ces gens les tiennent avec soin, et paraissent s'y plaire; il est seulement dommage qu'alentour de ces stores le pays paraisse si peu productif.

Dans l'un, ombragé de grenadilles, nous avons fort bien dormi quelques heures. Nous en repartons à deux heures du matin pour continuer à travers un pays tout semblable à celui de la journée précédente. On dirait de ce pays ce que Loti disait de l'Arabie Pétrée : Nous nous déplaçons dans de l'étendue. Cependant il y a ici une certaine végétation. Mais c'est un horizon aussi monotone et aussi limité que celui de la mer, aujourd'hui surtout que les *Kopjès* ont disparu. Les habitants sont très rares dans la région de la route. Que pense-t-on faire d'un pareil pays? Les Anglais avant tout songent sans doute à s'y distraire en excursions; ceux qui voyagent avec nous sont fort gais et aiment à s'amuser. Deux d'entre eux veulent conduire quelque temps le coach, sous prétexte de faire reposer les noirs, mais leur essai n'est pas heureux; à plusieurs reprises ils manquent de briser la voiture en mille pièces, à la grande inquiétude du Tartarin, qui en oublie les lions. « Ces Anglais, lui dis-je, sont des sauvages qui en veulent civiliser d'autres à coups de fusil et à coups de millions pour en tirer de l'or, si les anciens mineurs ne l'ont pas tout emporté. » Nous le saurons dans quelques mois.

COLLINE GRANITIQUE OU « KOPJÉ » TRANSFORMÉE EN FORT, A FIGTREE (RHODÉSIE)

Enfin voici un kopjè à l'horizon, quand le soleil se couche. Il paraît que c'est Salisbury : sauf ce monticule, le pays est tout plat autour de nous. Il est nuit noire quand nous arrivons à la poste, et ce sont des noirs qui prennent nos valises et nous conduisent à l'Avenue Hôtel. Enfin nous voici au terme de ce voyage de quarante-cinq jours depuis notre embarquement à Southampton. Nous n'avons pas reçu un journal ni une lettre pendant tout ce temps : aussi on comprend l'impatience avec laquelle nous attendons le lendemain pour aller à la poste chercher les nouvelles arrivées d'Europe avant nous par le Cap, la voie ferrée de Kimberley et Mafeking, et le coach de Buluwayo.

CHAPITRE IV

LE CENTRE DU MASHONALAND ET SALISBURY.

Salisbury. — Le plateau de granit qui fait toute la partie centrale du Charterland a une immense largeur qui atteint deux cents kilomètres, et il y souffle un vent constant qui enlève des tourbillons de poussière et vous dessèche les lèvres et jusqu'à l'intérieur de la gorge. C'est aussi l'effet de la sécheresse de l'air ; les muqueuses ont besoin de quelque temps pour s'y accoutumer. Salisbury est à seize cents mètres d'altitude, et cet effet est sensible sur les organes, au moins pendant un certain temps.

La ville de Salisbury, dont le plan s'étend sur trois à quatre kilomètres de diamètre au moins et comporterait une population plus de soixante mille habitants comme Johannesburg, n'est maintenant qu'un désert d'herbe où apparaissent de loin en loin quelques maisons en brique ou en tôle ondulée. La brique domine de beaucoup. Tout autour de cette plaine, ce sont des bois, sur des ondulations de terrain. A l'ouest seulement s'élève, à cinquante ou soixante mètres de hauteur, le monticule ou kopjè que nous avons aperçu de loin en arrivant et qui est, lui aussi, couvert de petits bosquets.

On distingue déjà trois quartiers dans le Salisbury de l'avenir. D'abord le quartier marchand et commerçant, au pied du kopjè; il y a déjà là les bureaux de plusieurs syndicats et compagnies minières, le marché, le journal (*Rhodesia Herald*), et la place d'une Bourse. A une demi-heure à l'est, c'est le quartier administratif, les bureaux et les ministères de la Chartered Company, les banques, le club, les hôtels, la poste, l'hôpital, etc.; les rues sont très larges, tellement qu'on distingue à peine les bâtiments de briques sans étages des deux côtés; on a eu les conceptions grandioses : ce seront là des avenues avec des arbres : l'Avenue Hotel possède déjà deux rangs d'eucalyptus. Enfin à vingt minutes au nord-est, c'est le quartier des villas, directement prolongé par les bois; beaucoup d'arbres ont été conservés dans ce quartier autour des maisons. Les plus belles de ces villas sont celles du ministre des mines, M. Pauling, qui est en briques et tout entourée d'une large véranda, et celle de l'administrateur, Dr Jameson, qui est en papier, possède un étage et est arrivée de Londres par la côte est de de l'Afrique. Il est inutile d'ajouter que les toitures de toutes les maisons de Salisbury sont en tôle plate, et cela fait un singulier effet de neige, la nuit au clair de lune. C'est un voyage que de courir d'un quartier à l'autre, et le vent, qui est constant, soulève de partout où l'herbe a disparu pour le passage des rues futures des tourbillons de poussière.

Il faut signaler enfin, à une autre extrémité de la ville, les casernes du régiment de volontaires de Salisbury, le Rhodesia Horse, qui possède plusieurs canons Maxim.

Quand nous avons rempli tous les devoirs que nous imposent nos lettres de recommandation, nous nous mettons en quête des relations qui peuvent nous être agréables. En première ligne, il y a les Jésuites, chez qui nous retrouverons plusieurs compatriotes, et il n'est pas indifférent de pouvoir causer en français en plein Mashonaland. Les Pères ont une ferme à dix ou douze milles de Salisbury, et une habitation à trois quarts d'heure de la ville, en plein milieu des bois. Cette maison est en briques rouges avec un toit de chaume, ce qui vaut mieux que les toits en tôle. Pour la rapidité de leur service, ils possèdent un cheval et une bicyclette montée par un frère lai : leur chapelle est voisine de l'hôpital. Ce sont de bons moments que l'on passe dans l'isolement de leur habitation si bien retirée.

Le pays est, me disent-ils, beaucoup plus beau et plus riche que ne semble l'indiquer le parcours que l'on fait en voiture d'Umtali à Salisbury, car on suit la crête du plateau central, qui est la séparation des eaux du Zambèze de celles des rivières Pungwe, Sabi, etc. Des deux côtés de ce plateau, la végétation est belle et le pays susceptible de produire, mais nous avons le temps de le visiter.

Pour visiter le pays, il faut maintenant en chercher les moyens ; il n'y en a qu'un seul, c'est d'acheter un wagon ou chariot boër avec cinq ou six paires de bœufs, de louer des cochers noirs et un guide, d'embarquer des provisions et tout le matériel nécessaire pour un séjour de plusieurs semaines, et de partir dans l'inconnu. Tout cela se rencontre à Salisbury ; nous sommes bientôt pourvus abondamment et tout à fait prêts pour le métier d'explorateurs. Nous visiterons d'abord le district minier d'Hartley Hills.

Hartley Hills. — Nous avons mené dans ce district la véritable vie des Boërs nomades sous la tente de leur wagon. On s'y porte admirablement : le matin seulement, le froid est assez vif, et on le sent vous réveiller, il n'y a pas plus de six à huit degrés centigrades. Comme le soir on ne peut se couvrir beaucoup, il faut ajouter une couverture vers trois heures du matin. Le wagon boër est un grand véhicule porté sur quatre grandes roues et d'une solidité à l'épreuve. Il est dépourvu de ressorts, long de cinq à six mètres et entièrement recouvert d'une double toile vernie imperméable portée sur des arceaux en bois et percée de deux fenêtres étroites ; l'avant et l'arrière se ferment au moyen de toiles suspendues. Une autre toile, qui se suspend autour de la caisse de la voiture, forme sur le sol un abri pour nos hommes.

L'attelage consiste en une longue chaîne de fer à laquelle s'adaptent cinq paires de jougs en bois pour les cinq paires de bœufs. Le joug porte sur l'os de l'épaule de chaque bœuf, et non sur le front et les cornes ; il est fixé par des chevilles et une corde : on le voit, c'est aussi simple que possible ; la direction est donnée par le long fouet en peau d'hippopotame.

Nous couchons en général dans notre wagon ; il y a à l'arrière un grand lit suspendu en toile tenant toute la largeur du chariot sur deux mètres de longueur, et à l'avant un lit de camp qu'on replie pendant le jour. On part le matin vers trois à quatre heures, après avoir pris une tasse de thé. Il est impossible de rester couché, tant le chariot est secoué ; les routes ne sont pas comme celles de France.

Il faut voyager beaucoup le matin et le soir, les bœufs ne peuvent supporter sans des fatigues excessives la grosse chaleur de midi à quatre heures. On fait ainsi trois étapes par jour ; de trois heures et demie à sept heures, de neuf heures à midi, et le soir de quatre à sept ou huit heures ; on arrive ainsi à faire seize à dix-huit milles par jour. On fait aussi trois repas :

à sept heures, le breakfast; à une heure, le lunch, et à huit heures le dîner. Ces repas consistent surtout en conserves. Dans les kraals, cependant, nous avons trouvé des poulets et parfois de la viande d'élan, qui est excellente : elle a un goût de bon bœuf, avec quelque chose de plus relevé; c'est une fière nourriture, sans rien de bien sauvage. Après midi, on dort à l'ombre des arbres ou du wagon, et le soir on a la vue d'un ciel étoilé sans jamais de nuages : tous les jours, le temps est magnifique; c'est l'éternel soleil d'Afrique, et, malgré le froid de la nuit, qui descend au-dessous de zéro en juin, juillet, août, l'on ne s'enrhume pas, l'air est tellement sec. Ces hauts plateaux sont admirablement sains dans la saison actuelle, l'hiver.

Par exemple, il y a peu de rivières; il faut avoir un tonneau d'eau, qu'on remplit quand on peut, parfois au bout de deux ou trois jours. Mais ailleurs ce sont de belles eaux courantes où l'on a le plaisir, intense dans ces pays de soleil, de prendre des bains rafraîchissants, en ayant soin de ne pas le faire dans les fonds de vase, ou *pools,* où il peut se trouver des crocodiles.

Ces journées, ces mois de plein air, ont été pour moi comme une nouvelle vie, et le plaisir de jouir de l'espace libre compense bien largement les peines et les fatigues du jour et de la chaleur.

Il serait fastidieux de décrire ici les mines du Mashonaland ; aussi je donnerai seulement des descriptions des différents districts miniers au point de vue du pays et de la végétation ; nous sommes en route pour celui de Hartley Hills.

On passe la rivière Hanyani, qui coule entre deux rives de terre abruptes, au milieu d'une plaine boisée. Peu à peu les accidents commencent, le sol s'abaisse ; ce sont d'abord les kopjès. Ici ils sont surmontés quelquefois par des kraals ou villages nègres : nous en rencontrons trois en trois jours. Les petites huttes rondes à toit pointu sont posées sur les rocs les plus inaccessibles des kopjès : elles sont en paille et en roseaux : de loin on dirait d'énormes champignons. Comme pour accentuer la ressemblance, il leur arrive d'être posées de travers. Le sol est un sable quartzeux formé de débris granitiques et sur lequel la végétation est maigre. Tous les arbres, sauf le mapani et l'acajou, sont plus ou moins ravagés par un insecte possédant une vrille, un *borer*, qui perce leur écorce, remplit de terre tout l'intérieur et les rend inutilisables en très peu d'années, si bien qu'ils ne vieillissent pas au delà de quinze ou vingt ans, puis tombent et pourrissent. Aussi les forêts sont formées d'arbres relativement jeunes, mais déjà rabougris, et ne sont jamais très épaisses, sauf des forêts impénétrables formées plutôt de lianes et d'acacias. Le pitchpin importé paraît être à l'abri de cette destruction.

Dans les bas pays, les noirs cultivent le maïs, un peu le riz, lorsqu'il y a assez d'eau, le caoutchouc, le tabac et le coton, qui sont, comme le riz, de qualité supérieure, enfin l'arbre à sucre, l'oranger et le citronnier.

Au dernier kraal dont nous parlions, nous échangeons du sel contre des courges; le sel est utilisé par les Mashonas pour faire sécher les peaux d'antilope, d'élan, etc. On nous apporte un poulet, mais on ne veut plus de sel; par contre, on accepte, mais avec combien d'hésitation, une pièce d'aluminium gravée comme un écu de 5 francs : ce sera dorénavant un de ces bijoux que les nègres suspendent à leur cou. Ce grand kraal est enfermé dans un cirque de rocs granitiques pointus : il y a plus de cent cases qui se touchent de près, derrière une haute palissade de pieux. Devant ces pieux est une grande place où sèchent des peaux au soleil. Les femmes refusent absolument de se laisser approcher, elles nous regardent à grande distance.

Les deux noirs qui nous servent sont, par contre, en pays de connaissance et peuvent approcher partout. Ils mangent absolument comme des singes, accroupis, les coudes sur les genoux; ils ont les cheveux ras, sauf une touffe plus longue au milieu de la tête. Le plus grand a un pantalon, mais le plus jeune, qui peut n'avoir que seize ans, est vêtu d'une chemise déchirée qu'il change parfois contre un pagne. La nuit, il n'a qu'une couverture, je ne sais comment il ne gèle pas ; il est vrai que le soleil l'a vite réchauffé le matin ; le soleil est ici le grand remède à tous les maux.

Les collines de Hartley. — Nous arrivons à Hartley Hills, les collines de M. Hartley, un chasseur bien connu dont le tombeau est dans le voisinage. Ces collines ne dominent guère la plaine que de trente mètres ; il y en a deux avec quelques huttes entre les arbres. D'en haut, la vue s'étend sur un océan de dômes d'arbres à l'infini, car tout ce pays est plat. A un mille environ, il est coupé par la rivière Umfuli, profondément encaissée et dont la rive opposée à nous a une teinte plus sombre, à cause de l'ombre qu'y projettent les rives au soleil couchant.

Le silence est rompu par un bruit familier à nos oreilles : celui d'une batterie de cinq pilons située sur la rivière Umfuli, et où l'on broie en ce moment du minerai d'or provenant de la mine Béatrice. Nous allons assister à ce broyage : les plaques sont couvertes d'amalgame, et le résultat est très beau : cent tonnes de quartz ont rendu 563 onces d'or.

Le commissaire des mines du district nous invite à dîner sous sa hutte : ce pauvre garçon a souffert des fièvres pendant plusieurs mois, et il est si maigre que nous nous demandons s'il arrivera jusqu'en Angleterre ; il a demandé un congé, ayant déjà cinq ans d'Afrique, il est venu en 1890 avec les pionniers. La région qu'il habite est insalubre, à cause des marais de l'Umfuli. Mais aussi quelle maigre chère on fait avec des boîtes de conserves qu'il faut payer très cher et dont on ne peut abuser avec de modestes traitements ! Pour comble, il y a un *bar* dans le *store* ou magasin d'Hartley, et les Anglais sont faibles devant le whisky et l'alcool ; c'est là qu'ils dépensent le plus. Une demi-bouteille de bière vaut ici 6 francs, et ce n'est pas trop cher à de pareilles distances.

De Hartley Hills nous partons à pied ; il est impossible d'aller plus loin avec nos bœufs, car nous entrons dans le pays de la mouche *tsétsé*, la *fly country ;* nous les laissons donc à la garde de nos deux nègres, et nous partons avec notre guide et quatre porteurs nègres que nous a procurés le commissaire des mines. Ce sont de beaux garçons bien découplés ; deux surtout sont solides, les deux autres sont plus paresseux ; comme notre pas est rapide, ils vont en trottinant au lieu de marcher.

La région de la mouche tsétsé. — Cette région est pleine de gibier : les antilopes, les élans, les *coodous*, cette belle bête spéciale à l'Afrique australe, de la taille d'un bœuf et aux cornes recourbées en hélice, tout cela est en abondance autour de nous, avec les panthères, les sangliers, les lions, les hyènes, etc. ; mais nous n'entendons tous ces animaux que la nuit. Les oiseaux voltigent partout et ne sont pas du tout silencieux, comme on le prétend en Europe, quand on parle de l'Afrique aux oiseaux sans chansons.

Au bout de vingt-cinq milles, nous tombons sur des travaux de prospection de mines : ce sont tout à coup, dans un vaste plateau et en pleine forêt, quelques huttes et des puits : on se demande comment on s'est douté de la présence de filons aurifères en un pareil endroit. Il y a bien des traces de vieilles fouilles, mais à peine visibles. Ce sont les noirs qui ont indiqué la place, et ils la connaissent par tradition sans doute.

Dans une plaine en clairière entourée de forêts, ce sont des centaines de cornes et d'ossements d'antilopes et de toutes sortes de bêtes : c'est un lieu de carnage pour les lions, qui y sont plus à l'aise qu'en forêt pour leurs chasses.

Les oiseaux destructeurs des serpents, les *secrétaires*, se montrent deux par deux, avec leur col blanc ouvert sur leur plumage noir, leur longue plume de l'arrière-train, et leur démarche majestueuse : les noirs les respectent, et ils ne sont pas craintifs.

Certain prospecteur est Français ; il a tué, la veille, un élan et un sanglier dont il a les dépouilles encore fraîches : il aime mieux sans doute la chasse que le travail, car ses voisins (de plusieurs milles) l'appellent *tenderfoot* (pied tendre, novice), et pourtant c'est un bon ouvrier, son puits est le mieux boisé que nous ayons encore vu. Il a eu des mines de diamants à Kimberley, d'or à Johannesburg, et le voilà sans ressources à cinquante-deux ans; c'est bien un type d'aventurier africain !

La rivière Mombi, dans la saison d'hiver où nous y arrivons, est absolument à sec dans un lit de vase et de cailloux roulés. C'est toujours la forêt maigre et les hautes herbes jaunes. A la mine *Inès*, la monotonie des bois est rompue par une machinerie à vapeur : dans ce pays infesté par la mouche tsétsé, le transport d'une pareille machine, par des bœufs sacrifiés d'avance, a été une dépense qu'on peut imaginer.

Un maître mineur de cette mine, qui dîne avec nous sous le toit de chaume de la hutte qui sert de salle à manger, a récemment échappé de près à un lion. Se trouvant du côté de Lo Mogundis, il dormait la nuit au pied d'un arbre avec un camarade et deux noirs. Il attendait pour continuer sa route le lever de la lune, qui devait avoir lieu vers une heure du matin. Brusquement il fut réveillé par un lion qui lui plantait ses griffes dans les bras et les cuisses, où leur marque se cicatrise à peine maintenant. Heureusement son camarade et ses noirs réveillés firent du bruit et poussèrent des cris qui effrayèrent le lion, et celui-ci se retira. Ce pauvre jeune homme en garde encore une frayeur nerveuse au moindre bruissement des feuilles, la nuit ou même le soir.

Le lion de ce pays est fauve, et sa crinière est tantôt fauve et tantôt brune; cependant il n'y a pas deux races, on trouve les deux variétés dans la même portée d'une lionne. Si la crinière du lion de l'Afrique australe n'est pas tout à fait aussi fournie que celle du lion du désert, c'est qu'il se la déchire aux ronces et aux buissons.

Certaine nuit, dans une plaine sur la lisière des bois, le vent fait le même bruit que ferait une forte rivière. La hutte du prospecteur où nous dormons, et qui est un ancien marin, est en face de cette vaste plaine sans arbres qui ressemble à une mer, et le soleil s'y lève sur un véritable horizon maritime. Avec lui, le vieux marin a pour camarade un Écossais qui est un vrai gentleman, de ceux qui quittent un milieu de luxe pour les aventures et les travaux pénibles de la vie africaine.

La végétation est plus belle dans le bas pays, sur l'Umfuli, mais c'est la végétation tropicale, que je n'aime guère, et d'ailleurs ce pays est fiévreux. Ailleurs, sur un sol de schistes et de diorite, la forêt devient beaucoup plus belle, le sol rouge est fertile, et les fleurs apparaissent partout; les herbes brûlées par les noirs repoussent déjà vertes. Nous faisons lever des lièvres d'une manière si inattendue qu'ils nous échappent.

Dans les pentes qui descendent du plateau central,

du *high veldt* vers le pays bas, il y a des collines et des ébauches de vallon : ces vallons sont jolis, surtout au clair de lune, entre ces petites élévations boisées; il y a comme des cirques où les cours d'eau s'étendent en petites nappes.

En revenant du bas pays à Hartley Hills, nous retrouvons nos bœufs et notre chariot boër, et nous rentrons à Salisbury en trois jours. La nuit, au bord de l'Hanyani où nous campons entre des berges en pentes fortes ou couvertes de roseaux, et de vagues collines, nous entendons au loin quelques rugissements. A une autre rivière, nous aidons avec notre attelage à tirer de l'eau un malheureux bœuf enlisé dans la vase jusqu'à la tête; mais bientôt c'est le kopjè de Salisbury qui apparaît à l'horizon, et nous rentrons à l'hôtel sans incident fâcheux. C'est un plaisir tout de même de retrouver un lit après des semaines passées à la belle étoile et au soleil.

Il ressort évidemment de cette visite dans le district minier d'Hartley Hills que, si l'or existe indubitablement, les travaux faits sont encore insignifiants, et, avec la pénurie des transports, il se passera plusieurs années avant que des découvertes sérieuses et d'avenir puissent se faire.

Le monde de Salisbury. — Aujourd'hui c'est dimanche, et à Salisbury, comme en tout pays anglais, c'est fort ennuyeux : les billards et les pianos sont fermés, et l'on mange froid. Et pourtant les pianos de Salisbury ne devraient pas être considérés comme faisant de la musique. Les milliers de kilomètres qu'ils ont faits en chars à bœufs n'ont pas passé inaperçus dans les sons qu'ils produisent. Nous avons été invités à quelques soirées : l'on est reçu d'une façon charmante, avec le sans-façon anglais et une sincère cordialité. Mais quelle musique on entend! L'anglais chanté est pénible, et ces jeunes gentlemen disent les chansons comiques avec une telle vitesse qu'on se demande comment ils peuvent si rapidement se tordre la bouche en grimaçant de toutes façons : la prononciation anglaise fait évoluer toute la figure. Ils ont aussi des voix inénarrables qu'ils produisent avec le plus grand sang-froid; le goût leur manque totalement, au moins ici, mais ils ont d'autres qualités : ils sont hommes d'affaires et d'initiative, ils ont de l'énergie et de l'audace.

Il y a à Salisbury un autre Français dont la connaissance est un charme pour nous. C'est M. de la P... Après avoir perdu en France une haute situation de fortune et de rang, il est venu chasser en Afrique : d'abord au lac Nyanza, où il a tué, dit-il, cent quatorze éléphants et des quantités de lions et de buffles. Puis il est venu au Charterland où son ami le docteur Jameson lui a donné, pour ses services de pionnier, le poste de juge de district (et les districts sont immenses), puis la propriété de deux fermes, l'une à Mazoé, l'autre à quelques milles de Salisbury. C'est à cette dernière que nous le retrouvons, dans des huttes faisant l'effet d'un petit castel au sommet d'une colline boisée; il va devenir une de mes meilleures relations, et je ferai même des explorations avec lui, car il connaît à fond le pays et pourrait être un des meilleurs guides.

Les premières de ces explorations seront celles de Mazoé et de Mapondera; ce district n'est séparé de celui de Lo Mogundis que par la chaîne des montagnes de l'Umwurkwe.

CHAPITRE V

LA VALLÉE DE MAOÉ AU MASHONALAND.[1]

C'est donc avec M. de P... que nous allons faire cette exploration : nous sommes trois Français, notre guide et deux nègres : il y a place pour deux sur la grande toile suspendue du wagon, et le lit de camp, qui est étroit, suffit pour la troisième. C'est une curieuse chambre à coucher, le soir, que l'intérieur du wagon : une lampe suspendue au milieu éclaire les quantités d'objets entassés dans cet étroit espace, et c'est le dernier couché qui l'éteint. Au bout de quelques jours, nous avons appris à chercher le confortable, et nous finissons par nous installer comme dans des lits véritables.

De même pour nos repas en plein air, nous avons acquis cette fois une table, des chaises pliantes, un service d'ustensiles en métal plus complet; si nous étions destinés à vivre longtemps au Mashonaland, je crois que nous finirions par nous y mettre aussi à l'aise que chez nous, on en prend l'habitude. Nous savons mieux choisir nos boîtes de conserves, et surtout mieux les utiliser : ce sont de véritables ragoûts que nous obtenons dans la marmite en y précipitant dans l'eau bouillante différentes espèces de conserves assorties : quelques-uns cependant, qui sont de notre invention, sont moins réussis. Mais une chose qui est toujours excellente, c'est le riz, et le riz mashona est vraiment fin et délicat. Le thé est notre seule boisson, le vin est très rare, et d'ailleurs il serait échauffant dans ce climat et avec la vie active que nous menons. Une tasse de thé avec du lait concentré forme la boisson la plus agréable et la plus vivifiante que j'aie connue au Mashonaland. Nous avons joui de la plus parfaite santé tout le temps de notre séjour, et nous le devons bien à notre régime en même temps qu'à l'activité que nous avons déployée : il fait cependant beaucoup plus chaud qu'à Salisbury, dans ces régions plus basses de Mazoé ou de Lo Mogundis, comme dans celles de l'Umfuli inférieur.

Nous passons notre première nuit au pied du château de P... Ce château, ou plutôt les huttes dont il se compose, offre vraiment un certain confort, supérieur même aux baraques en tôle ou en briques de Salisbury, et il est situé au centre d'une ferme très considérable. Il y a 350 bœufs et vaches, je ne sais combien de moutons et de porcs, de chèvres, etc., etc., et enfin vingt-quatre chiens de chasse et de garde et deux petits singes. La laiterie est étonnante de propreté; on y fait un beurre exquis qui serait primé en Angleterre.

Quant à l'habitation, elle est encore bien primitive, quand on la voit de près : elle est formée de trois huttes en bois couvertes en chaume, accolées sur le sommet de la colline, à côté des bois, et devant une cour que terminent les communs sur deux autres côtés : laiterie, étables, etc. L'une de ces huttes est la cuisine, celle de l'autre extrémité, la chambre à coucher; au milieu, le salon, salle à manger et un vestibule. Ce petit salon a l'air de quelque chose : une grande draperie à ramages s'élève en pointe jusqu'au sommet du cône qui forme le plafond de la hutte circulaire, et cela ressemble à une tente arabe : une grande table, un divan et des chaises cannées avec des tapis en peau de panthère, de singe et de chat sauvage; aux piliers qui supportent le toit, des cornes d'antilope et de rhinocéros; tout cela est largement éclairé tout le tour à hauteur d'appui par de grandes ouvertures sur la campagne et les arbres à perte de vue, au pied de la colline : au loin, ce sont les belles croupes bleues du mont Hampden.

Après dîner, le soir, les grandes baies du salon se ferment au moyen de toiles suspendues, et nous allons passer la nuit dans notre wagon.

Le mont Hampden. — Nous parcourons le lende-

HUTTE DE PROSPECTEURS, DANS LA VALLÉE DE MAZOÉ, AU CHARTERLAND

main la plaine longue de dix milles qui aboutit au mont Hampden : l'effet que faisait de loin cette montagne diminue rapidement avec la distance. Il ne domine pas la plaine de plus de 150 mètres, ses pentes sont boisées; j'avais envie de le gravir, mais on me dit que c'est un repaire de lions, et de fait ceux-ci viennent de temps à autre enlever un bœuf ou un mouton chez M. de P... La rivière, le Gwibi, qui passe au pied des pentes, n'offre qu'un peu d'eau stagnante. Désormais nous ne voyagerons plus de jour, la chaleur fatigue trop les bœufs à mesure que nous descendons du haut plateau : nous ne ferons que deux étapes, de grand matin et le soir.

En descendant vers le Mazoé, les forêts commencent, le sol se couvre de fleurs, on voit au loin des montagnes et des vallées. Une fleur étonnante surgit d'un oignon à fleur de terre : sur une forte tige s'épanouissent en formant une demi-sphère des centaines de tiges très fines, longues de dix centimètres et terminées chacune par une petite fleur violette ou rose avec deux longs pistils. C'est un bouquet parfait; on ne voit plus qu'une fleur formée de centaines d'autres.

Le Tattigora river. — Aux premières montagnes, c'est l'ancien camp *de la misère,* où M. de P... avec les pionniers a passé quatre mois de pluies; tous ont eu les fièvres, et plusieurs sont morts depuis. Près de là coule l'eau fraîche et limpide du Tattigora, affluent du

Mazoé; nous y passons une nuit, près d'une de ces fourmilières hautes de trois à quatre mètres si fréquentes au Mashonaland. Derrière ce même tas de fourmis, M. de P...fut désagréablement surpris, un soir, par un lion qui poussa tout à coup un rugissement assourdissant. Panique épouvantable, fuite dans le wagon, et le lion s'enfuit, effrayé lui aussi sans doute à la vue du foyer et des hommes qu'il ne croyait pas si près.

L'eau du Tattigora est glacée au matin; c'est une joie de s'y baigner. Les jolies collines boisées se succèdent. Nous dînons à l'ombre du *maroula*, arbre dont le bois est si dur qu'il ébrèche les scies, et dont le fruit à noyau est très goûté des éléphants. Nous entendons pour la première fois le *honeybird*, oiseau à miel; il appelle l'homme pour le conduire aux nids d'abeilles et enlever le miel, dans le but évidemment intéressé de faire chasser les abeilles, mais on le suit volontiers en voyant son manège; il vole en chantant d'un arbre à l'autre et regardant par derrière si on le suit; il insiste en saccadant son chant, s'il voit qu'on s'arrête.

Le Watacay. — La campagne est couverte d'orchidées, de glaïeuls, etc. : nous faisons des bouquets magnifiques. Les bords du Watacay sont fort pittoresques; il y a, en amont, une cascade de dix à douze mètres avec plusieurs bassins d'une eau transparente propice aux bains si frais au grand soleil. Dans les bois d'alentour, les chevreuils abondent; plus bas, dans les *pools*, il y a des crocodiles. C'est là la ferme de Mazoé, appartenant à M. de P...; il y a encore des restes de huttes et de jardins. Une nuit, Mme de P... y a tué elle-même un lion qui devenait trop audacieux.

Certain soir, nous ne partons qu'à sept heures. La nuit est sans lune, et nous perdons le sentier de noirs que nous suivions, car depuis longtemps il n'y a plus de route; les hautes herbes s'inclinent sous l'avant-train et sont broyées sous les roues du wagon, les bœufs y disparaissent en entier, la lanterne fait un curieux éclairage dans ces herbes et sous les voûtes d'arbres très espacés. Nos noirs reconnaissent où ils se sont égarés en se trouvant tout à coup au bord d'un très grand fourré impénétrable qu'ils savent être un refuge des lions. Nous faisons un contour, et, vers onze heures du soir, nous retrouvons notre sentier; nos bœufs sont rendus aujourd'hui. Heureusement nous n'avons pas entendu le plus lointain rugissement, grâce à un feu énorme de gros troncs d'arbres, un feu de château.

A un cours d'eau presque à sec, mais encaissé, nous avons, le lendemain matin, un nouveau retard; un des bœufs de tête s'embourbe, il faut le dételer, on songera à lui plus tard; en voulant passer plus bas, c'est le chariot à son tour qui s'embourbe; il faudra toute la journée pour nous sortir de là, et avoir recours au cric pour soulever le wagon, aux haches pour couper du bois et construire un passage dans la vase. Et il fait un soleil de plomb, des nuages presque opaques de sauterelles font seuls une ombre vague qui dure parfois plusieurs minutes.

Le Cormaputzie. — Plus loin, un autre soir, c'est la rivière Cormaputzie qu'il faut traverser; elle est très profondément encaissée, et les berges sont à peine entaillées, elles descendent à un angle inusité. Avec l'audace des boys africains, notre guide réussit la descente et le passage de l'eau plus vite que nous n'y pensions; mais à mi-chemin du talus opposé, il est impossible d'aller plus haut. Il faut dételer les bœufs, qui seront moins fatigués et auront plus de force demain matin. Le wagon reste dans une position à demi renversée, et nous couchons à la belle étoile. Le ciel est superbe, le vent est frais; la nuit, les deux chiens de M. de P... qu'il a emmenés répondent à un loup qui hurle à faible distance; je distingue l'ombre d'une hyène, mais elle n'ose approcher. Je domine le sol sur mes couvertures, mais M. de P... s'est enfoui dans un sillon qui l'enferme comme dans une tombe. Mal lui en prend, car un de nos bœufs, en errant autour de nous, vient presque tomber sur lui. Le ciel est tout noir et criblé d'étoiles qui ressortent comme suspendues en relief, mais l'horizon est plus clair et semble une vapeur qui sort de la brousse et des bois. Une première nuit de plein air, on ne dort guère, il y a trop d'air; mais on en prend vite l'habitude, et, plus tard, on ne peut supporter de dormir dans une chambre : l'air manque, on dirait qu'on étouffe.

L'eau du Cormaputzie est admirable de fraîcheur et de limpidité à l'aurore. Bientôt nous trouvons une autre rivière un peu plus forte, le Wantzie, qui est aussi un affluent du Mazoé : les alluvions qui l'environnent sont aurifères, et les noirs les travaillent encore en ce moment. La région en amont, d'où viennent ces alluvions, est encore inexplorée, les indigènes n'aiment pas y conduire; c'est un de leurs refuges, et les prospecteurs ne croient pas qu'elle soit intéressante; les roches de l'entrée de ces vallées ne sont que du granit, pourtant il faudrait peut-être les visiter.

Le Wataz Hill. — Nous passons au pied du Wataz Hill, colline de granit en deux parties séparées par une selle où il y a une source. Les pentes sont comme polies par les érosions, et des blocs de granit s'en détachent. Les noirs cultivent ici des champs de maïs; ils ont un kraal sur le Wataz Hill.

Les forêts continuent toujours, les perdrix se lèvent sous nos pas, le gibier abonde, mais le pays est si intéressant, et aussi les histoires de M. de P... si captivantes, que nous sommes d'une rare maladresse pour chasser.

Au Saroui, jolie rivière dans un lit de roches entre des berges inclinées couvertes d'herbes vertes et de beaux arbres, nous passons une nuit charmante. Mais le passage de la rivière est difficile; nous décidons, pour éviter un accident, d'aller à pied voir d'anciennes mines au mont Mapondera, à une dizaine de milles, nous reviendrons ensuite à notre wagon.

Le mont Mapondera. — Au matin (il est nuit quand nous partons), nous faisons fuir un petit singe. A l'aurore, le mont Mapondera se dessine à l'horizon, dominant la plaine de deux cents mètres, mais il paraît bien plus haut de loin, car la plaine va en montant constamment. Sa forme est tourmentée; il y a plusieurs pitons séparés par des cols. Les flancs sont de granit poli par les pluies : au pied s'amoncellent les blocs de granit. Quand nous allons y arriver, un coup de fusil tiré sur une pintade fait enfuir vers le sommet de la montagne trente ou quarante singes dont plusieurs sont des babouins presque aussi gros que des hommes. Bientôt il en sort de tous côtés, courant le long des pentes à travers les broussailles et les arbustes; nous leur envoyons, mais sans succès, quelques balles quand ils sortent des broussailles pour passer sur les granits. Tout près d'eux, il y a un kraal de noirs avec lesquels les singes vivent en bonne intelligence. Lorsque nous avons contourné le mont Mapondera, ils nous ont salués de cris qui avaient quelque chose d'humain, et ils nous jetaient des pierres.

Les anciennes fouilles au delà du Mapondera paraissent bien avoir eu une certaine importance, mais aucun travail sérieux n'a encore été fait pour les découvrir; il y a des quantités de pierres polies ou *crucibles* au bord de la rivière le Luia ou Ruia, qui passe auprès des mines.

Les monts de l'Umwurkwe. — Du haut du mont Mapondera on distingue le mont Darwin, où l'on a récemment découvert des quartz aurifères, le mont Barré et le mont Maparo, qui se détachent de la chaîne des montagnes de l'Umwurkwe. Au delà, c'est la plaine avec quelques autres élévations, comme le mont Gotha, où il y a encore, à Eureka, d'anciennes mines d'or. Enfin commencent les grandes plaines du Zambèze.

Mais je n'ai point été jusque-là : j'ai seulement traversé plus tard, avec un autre Français, la chaîne de l'Umwurkwe pour aller du Watacay visiter une ancienne mine d'or dans le district du Lo Mogundis, à Mandora, non loin de la mine *Ayreshire*, dont on parlait beaucoup en 1895 au Mashonaland. Le pays n'a rien de plus intéressant que celui que j'ai déjà décrit, mais il y a d'autres anciennes fouilles très importantes qu'on attribue également à des mines d'or; la plus importante s'appelle *Mtopota*, près du kraal de *Sinoia*. C'est un grand déblai entouré d'arbres et de broussailles qui le cachaient complètement, et qui a un diamètre de quatre-vingts à cent mètres. Il serait très intéressant d'y entreprendre des recherches, comme à Mapondera.

Mais je reviens aux vallées des affluents du Mazoé, qui sont les plus pittoresques du Mashonaland. La chaîne de l'Umwurkwe, qui forme leurs extrémités, est formée de roches éruptives; on peut y voir encore, enfouies dans les broussailles et les arbres, les traces de plusieurs grands vides en forme de cratères dont l'origine est éruptive.

Au moment où nous étions à Mapondera, deux ingénieurs français visitant le district de Lo Mogundis avaient affaire de plus près que nous aux lions : au matin, deux de leurs mules en train de paître à quelque distance étaient attaquées, égorgées et à demi dévorées avant qu'ils s'en fussent aperçus. Les lions étaient déjà loin quand ils accoururent aux cris du nègre qui gardait les mules, et celles-ci avaient disparu épouvantées dans différentes directions; il fallut quatre jours pour les réunir. Le lion a un goût particulier pour la mule; on court moins de risques avec les bœufs, qui s'aventurent en outre à de moindres distances, et cette nouvelle, qui nous arriva pendant notre séjour à Mazoé, nous rendit plus prudents encore pour surveiller nos noirs et nos bœufs. Que faire si les lions en dévorent plusieurs? Ils ne sont déjà pas trop nombreux pour tirer le chariot dans les passages difficiles, et il faudrait revenir à pied à Salisbury, avec des bagages pesants.

Il y a d'autres anciennes fouilles près de l'Emrodzie,

un autre affluent du Mazoé; on leur a donné le nom de Kimberley, par analogie avec les grands *pits* des mines de diamants, dont elles diffèrent du tout au tout comme dimensions. Là encore on n'a rien entrepris en fait de recherches.

Ruines sur le Mazoé. — Nous allons quitter maintenant les affluents du Mazoé pour suivre le Mazoé lui-même. Il y a, près de la mine *Yellow Jacket*, sur un kopjé de granit, les restes d'un ancien fort; les rangées de pierres qui forment les ruines des murailles sont d'une admirable régularité et rappellent beaucoup, comme construction, les fameuses ruines de Zimbabyé, mais celles-ci sont fort petites; ce n'était ici qu'une tour de six à huit mètres de diamètre tout au plus, destinée sans doute à protéger les mineurs qui travaillaient dans la vallée de Mazoé.

Les vieux travaux sont, en effet, extrêmement abondants dans cette vallée; ils s'étendent sur des milles et des milles de longueur, mais quand on arrive à en étudier un groupe isolément, on trouve que ces restes sont un peu comme les ruines des vieux châteaux, qui paraissent beaucoup plus considérables que n'ont été les châteaux en réalité, parce que les pierres écroulées occupent beaucoup plus de place.

La mine *Alice* est celle où l'exploitation est la plus avancée dans cette région. Du col où l'on y descend, la vue est superbe sur la vallée de Mazoé; on dirait une vallée de la Suisse. Ce sont des deux côtés de hautes cimes découpées, dont l'une, à cause de sa forme, s'appelle *Iron mask*, le masque de fer. La rivière coule entre de hautes berges abruptes et couvertes de végétation ; elle est parfois un peu marécageuse, les collines et la vallée sont couvertes de bois. Sur les bords du Mazoé, on a élevé une batterie de dix pilons pour broyer le minerai d'Alice; elle est en réparation pour le moment, c'est la seule du district.

Les nuits dans la vallée sont magnifiques. Au lever du jour, les fonds étagés des montagnes s'éclairent de roses et de bleus admirables ; il fait une fraîcheur délicieuse; les oiseaux apparaissent partout, je compte successivement plus de vingt chants d'oiseaux différents. Si les fleurs d'Afrique sont souvent sans parfum, les oiseaux ne sont jamais sans chansons. Le soleil se couche rouge comme il s'est levé le matin, et le vent se lève continu comme sur les hauts plateaux, dès qu'on arrive aux sommets des montagnes. Les lions détruisent constamment des bœufs ou des chèvres dans les fermes que la Chartered Company a concédées aux pionniers dans cette vallée de Mazoé.

Les fermes de Mazoé. — Ces fermes que les pionniers ont obtenues après l'expédition de 1890 que nous avons racontée, ont chacune quinze cents à deux mille hectares dans la région du Mashonaland, la plus fertile et la plus salubre. Il y a déjà, de ce seul côté, plus de mille têtes de gros bétail. Les Pères Jésuites ont également leur ferme et leur école de nègres dans cette région des rives droites du Mazoé, qui a reçu le nom d'*Entreprise*. Certaines maisons de ferme bâties en bois ont un vrai confortable : il y a de petits jardins, des plantations d'orangers, de citronniers, et des basses-cours où pullulent les poulets et les dindons ; c'est un coin d'Angleterre transporté ici.

Mais à mesure que nous approchons du mois de novembre, on sent venir l'été, la chaleur devient plus lourde dans le bas pays : dans les heures du milieu du jour, ce sont des bouffées de vent très chaud qui vous dessèchent la gorge et vous brûlent la figure. Une réflexion de nos noirs nous amuse : « La lune sert à quelque chose, disent-ils ; elle éclaire pendant la nuit de temps à autre. Mais le soleil, à quoi sert-il ? Il éclaire pendant le jour. »

Dans ce district d'Entreprise on a découvert de la chaux dont on fait une exploitation suivie pour les constructions que l'on bâtit à Salisbury ; pour le moment, cette industrie est plus prospère que celle des mines.

Du côté d'Abercorn, la plaine finit par remplacer les collines et les vallons, il fait aussi plus chaud ; là encore on a commencé d'ouvrir quelques vieux travaux, mais sans importance. Nous sommes sur l'Umwurdzie, un affluent de droite du Mazoé. A *Countess,* un bain frais de rivière fait une heureuse diversion à la chaleur de ces plaines brûlées où les noirs ont incendié les hautes herbes. La terre en est toute noire, et le vent qui a soufflé sur ces cendres en acquiert une nouvelle sécheresse.

Quand nous rentrons à Salisbury, nous traversons à nouveau la zone des montagnes qui séparent le bas pays des hauts plateaux. Ce n'est décidément qu'une illusion qui les fait ressembler aux Alpes. D'en haut, il faut détourner les yeux des fonds des vallées; ils sont trop rapprochés et bornent trop vite la vue, au lieu des insondables abîmes des grandes Alpes. On n'y songe pas sans regret; c'est une forme du mal du pays, et pourtant, en Afrique, il y a les grands espaces, à défaut des grandes profondeurs.

Nous croisons un prospecteur anglais; il part à pied pour le mont Darwin. De Salisbury, il a plus de cent milles à parcourir : derrière lui sept noirs portent ses bagages, et il va de l'avant vers le grand horizon ouvert, il rêve d'or et d'aventures, sa carabine fièrement posée sur l'épaule. C'est toute l'histoire évoquée des mineurs de Californie et d'Australie, des gens robustes et courageux, sans souci du lendemain.

Voici les pluies qui commencent, pendant une dernière excursion que je fais avec M. de P... à une trentaine de milles de Salisbury; ces pluies ont rafraîchi l'atmosphère à tel point que toute une journée nous marchons pour nous réchauffer à côté de notre wagon ; ce jour-là nos bœufs font plus de vingt-cinq milles.

La sécheresse. — Décidément les pluies ne durent pas, et c'est la sécheresse qui recommence. Tout le monde nous dit que l'année est exceptionnelle. La sécheresse est générale et cause une véritable disette ; le sac de maïs se vend 150 francs, les transports de bagages et de matériel sont impossibles, car on ne peut trouver à nourrir les bœufs, l'herbe verte nouvelle refuse d'apparaître, et on n'a rien d'autre à leur donner. Les pauvres mules qui font les services des *mail-coach*, de Buluwayo et de Mafeking, sont exténuées par le manque de nourriture, et la malle a huit jours de retard à chaque courrier. Il faudra me dépêcher si je veux voir Buluwayo et le Matabeleland. J'irai plus vite que pour le Mashonaland, j'userai des coachs et des chevaux ; mais je garderai un bon souvenir de mes bœufs et de mon chariot, et de mon guide aussi, et même de mes deux noirs. D'ici à quelques années, certaines mines auront pris du développement sans doute, et il sera temps de revenir.

Avant de quitter Salisbury, je veux pourtant faire une chasse avec M. de P... et un autre Français, M. G..., employé de la Chartered Company ; nous prenons une journée et nous partons.

Nous allons à une dizaine de milles de Salisbury, et nous croisons une quantité de chevreuils, de perdrix, de lièvres et surtout de pintades qui voyagent par troupeaux considérables. Mais ce qui m'intéresse le plus, ce sont les restes d'une ancienne ville nègre ou indienne; il y a de nombreuses murailles en pierre sèche, dont une double enceinte circulaire. Le tout est envahi par les broussailles et par les arbres. Je n'avais pas entendu parler de ce que peuvent être ces vagues ruines.

L'ensemble du pays. — En concluant mes notes sur le Mashonaland, je trouve qu'il ne fait jamais, sur les hauts plateaux, des chaleurs insupportables, et dans le bas pays il suffit, après les mois d'hiver, qui sont doux, de juin à septembre, de ne pas trop se fatiguer pendant la grosse chaleur, de midi à quatre heures. Je ne puis pas parler de la saison des pluies, ne l'ayant pas subie. A Salisbury et sur la haute région, le vent souffle constamment; ce serait le cas d'installer des moulins à vent; en tout cas, c'est une cause de grande salubrité. D'un autre côté, il ne fait jamais froid, mais les nuits sont fraîches : à un habitant des Alpes, il manque évidemment les grands froids et surtout les hautes montagnes.

Ce pays a pourtant deux immenses avantages : l'un, c'est le soleil qui ne se cache jamais pendant plus de trois cents jours de l'année; l'autre, c'est le plein air, l'espace infini ouvert devant soi : on peut marcher des jours et des jours sans rencontrer personne. Il n'y a ni propriétés ni maîtres; c'est la liberté absolue du premier passant. Comme on comprend que cela attire des jeunes gens à la recherche des mines ou des terrains agricoles! et, quelque dure que soit la vie qu'ils mènent, coucher des mois en plein air au voisinage des bêtes sauvages, marcher au soleil, de l'aurore au crépuscule, avec des nègres pour toute société, manquer d'eau, vivre de conserves, quelque pénible que soit cette vie, on comprend qu'ils l'aiment, et qu'en ayant goûté une fois ils gardent le désir de la reprendre.

On dit que l'on a la nostalgie de l'Afrique, comme on a celle des montagnes : celles-ci aussi ont leurs vastes espaces libres et leur plein air, mais l'Afrique n'a rien à leur envier.

CHAPITRE VI

BULUWAYO ET LE MATABELELAND.

De Salisbury à Buluwayo par Gwelo. — Je quitterai Salisbury pour Gwelo le 7 novembre par le coach; ces derniers jours, à Salisbury, nous avons un dîner d'adieu entre quelques Français, au Commercial Hôtel, qui est tenu par un Hongrois. On boit du bourgogne et du champagne, et pour un hôtel improvisé au milieu de l'Afrique, ce n'est vraiment pas mal. Nous avons aussi une soirée chez M. Pauling, le ministre des mines du Charterland; nous n'aurions jamais cru voir d'aussi beau monde; les messieurs en habit noir, les dames, fort clairsemées, il faut l'avouer, mais en riches toilettes. L'éclairage est très réussi, et de la grande galerie qui fait le tour de la maison, il se projette à grande distance des lueurs de fête jusqu'au fond des bois sans fin qui prolongent directement la villa. Le piano est presque juste, et à voir les valses et les quadrilles, il est impossible de se croire en Afrique.

FAMILLE BOER, EN CAMPEMENT SUR LA ROUTE DE BULUWAYO

Nous avons fait déjà avec notre chariot à bœufs, qui est resté chez un fermier de Salisbury, une partie de la route de Salisbury à Fort Charter; dans notre excursion à Hartley Hills, nous sommes allés en effet jusqu'au passage de la rivière Hanyani. Ce soir nous y arrivons à la nuit noire, vers onze heures, et nous y prenons avec nous un jeune homme qui allait à l'hôpital de Buluwayo, en convalescence d'une fracture de la cuisse. Jusqu'à ce moment, j'étais plutôt à l'aise pour dormir sur la banquette d'avant du coach, où nous n'étions que deux, mais je fus trop heureux de lui laisser un angle pour qu'il pût étendre sa jambe et s'appuyer sur mon épaule, moins dure que les parois de bois de la voiture. On aime à s'entr'aider en Afrique; j'en ai eu besoin plus d'une fois, et j'ai toujours rencontré une sympathie sincère chez cette population anglaise du Chaterland.

Ces diligences sont aussi confortables qu'elles peuvent l'être pour le service qu'elles font; elles viennent d'Amérique, où l'on a acquis l'expérience de les faire, depuis celles de la Californie et du Colorado. Ce sont des voitures de style Louis XIV portées sur de grandes roues et des ressorts en cuir, qui sont plus doux et ne peuvent se briser sous les chocs. L'extérieur est peint en rouge et orné de dorures; le siège, très élevé, a place pour trois personnes, un cocher blanc, un Hottentot, et un domestique nègre. L'impériale est réservée aux colis, il y a place cependant pour quelques voyageurs, une place peu enviable par le froid de la nuit, la chaleur du jour, la dureté et les mouvements désordonnés du siège. A l'intérieur, il y a place pour douze personnes sur des banquettes en cuir jaune ; celles d'avant et d'arrière ont seules des dossiers ; sur celles du milieu, on est réduit à appuyer le dos contre une courroie de cuir tendue de chaque côté et suspendue au plafond. A ces places, il est impossible de dormir ; aux autres, c'est déjà très difficile.

Après l'Hanyani, on traverse l'Umfuli, où il y a fort peu d'eau, car les sources sont proches, et bientôt on tombe dans un sable très profond ; comme sur la route d'Umtali, il est impossible d'aller vite. Les Anglais disent que la route est lourde ; c'est plutôt la voiture qui s'alourdit considérablement dans ce sable. Puis la forêt fait place au terrain découvert, l'*open veldt*.

Fort Charter n'est qu'un hameau de paillottes, des huttes rondes en terre et bois recouvertes de chaume. Je vais déjeuner en donnant le bras à mon pauvre boiteux, qui me témoigne de la confiance et commence à me raconter son histoire, une courte histoire : il n'a pas dix-huit ans ! Avant de remonter en voiture, nous allons voir la rivière qui arrose Fort Charter ; elle coule entre les herbes et les broussailles, et son eau lente et limpide est plaisante à la vue.

En partant, nous croisons des groupes d'élans ; j'ai bien une carabine au fond de la voiture, mais nous n'avons pas le temps de tirer, les mules fraîches vont au galop. A dix milles environ, il faut qu'elles calment cette belle ardeur, l'essieu d'avant s'est rompu. Nous restons huit heures en pleine campagne pour le réparer, fort heureux que cela ne soit pas arrivé la nuit. Notre noir part au galop sur une mule pour Fort Charter chercher un autre essieu, mais quand il revient, au bout de six heures, sans rien rapporter, nos cochers ont réussi à fabriquer un nouvel essieu avec des troncs d'arbres coupés à la hache; faute de clous, il est maintenu par des cordes et des courroies. En attendant, nous avons passé agréablement le temps avec un jeune mineur australien de vingt-cinq ans environ qui a un type français, et dont la gaieté communicative paraît bien être aussi d'origine gauloise. Il nous raconte des histoires impossibles qu'on suit à mesure sur sa figure si mobile.

C'est toujours le sable, sur ce haut plateau qui sépare les eaux du Zambèze de celles de la Sabi : on traverse des sources de rivières, à sec le plus souvent. Il y a des taches boisées, rarement de vraies forêts, et le plus souvent les arbres sont malingres; quelques collines n'atteignent pas cent mètres de hauteur, ce sont les Intabas Insimbi ; il y a là des kraals mashonas. Près de la rivière Umniati, qui n'est qu'un lit de sable, il y a quelques ruines. C'est ici la frontière entre le Mashonaland et le Matabeleland.

On traverse la rivière Sabakwe, où l'eau forme des bassins assez profonds; un canot est attaché en cas de besoin près d'un relais où il y a un magasin de vivres et quelques huttes; après déjeuner, nous allons voir la rivière, qui se perd au loin dans des collines boisées où l'on a mis à jour des quartz aurifères, les premiers que nous voyons au Matabeleland.

La contrée continue à être très boisée jusqu'à Iron Mine, avec de larges clairières dans les bois et au bord des rivières, formant de beaux pâturages. Iron Mine, ou la mine de fer, est une colline entièrement formée de minerai de fer, surgissant des bois et des pâturages. C'est là l'embranchement de la route de Victoria au Mashonaland. Les pays que l'on traverse pour y aller rappellent tout à fait ceux que nous avons décrits au Mashonaland. Les vallées et les collines de Selukwe et Tebekwe valent, comme paysages, celles de Mazoé.

Les ruines de Victoria. — Nous décrirons ailleurs Victoria et les fameuses ruines de Zimbabyé, qui se trouvent à seize milles de cette station. Nous dirons seulement ici que ces ruines font une véritable impression : la grandeur de l'enceinte circulaire, qu'on appelle un temple ou un labyrinthe, en impose. Quant à la question de leur origine, elle est encore si indécise qu'il est difficile d'en parler; dans tous les cas, il n'y a aucun travail d'architecture qui permette de les attribuer à un peuple avancé en civilisation. Les noirs ont une tradition qui en rapporterait la fondation à une race jaune. S'agit-il des Malais, qui ont des descendants en Afrique et à Madagascar? On les attribue aussi aux Arabes. J. T. Beut, qui est venu en mission à Zimbabyé et a consacré un ouvrage à ces ruines, semble vouloir en faire l'œuvre des Phéniciens.

Revenant à notre arrêt d'Iron Mine, nous partons pour Gwelo. La plaine s'ouvre très large aux sources du Rhwe-Rhwe, mais l'herbe est maigre. A la nuit tombante, nous voilà assaillis par des nuages de sauterelles; elles se précipitent dans l'intérieur du coach, d'où on a peine à les chasser. Il y en a d'aussi grosses que des moineaux, et comme on les voit à peine, qu'elles n'y voient pas non plus, elles vous pénètrent dans le col et dans les vêtements, et ces nuages recommencent plusieurs fois.

Avant de s'endormir, mon jeune camarade me raconte l'accident qui a causé sa fracture, une chute de cheval sur la route de Mazoé; il y a quatre mois qu'il est à l'hôpital de Salisbury, et il va à celui de Buluwayo achever de se remettre et se distraire un peu. Il me parle de la Suisse, où il a fait un voyage avec sa famille; il a vu plusieurs des sites magnifiques que je connais dans les Alpes, et il a du plaisir à en parler à quelqu'un que cela intéresse. Il est encore bien faible; aussi je lui promets de le recommander à un Père Jésuite que je connais à Buluwayo, qui s'occupe de l'hôpital et qui lui témoignera beaucoup de bienveillance.

Mais que vient-on faire seul, à cet âge, dans ces nouveaux pays? Ces Anglais ne se comptent pas pour quelque chose; ils ont en cela un peu de l'impassibilité admirable des animaux devant la douleur ou devant la mort. Ainsi sont nos mules, qui galopent pendant des milles et des milles, ne sentant ni la fatigue, ni les coups de fouet, qui mourront à la peine et sur la route, comme le marquent les nombreux cadavres qui jonchent le sol de temps à autre. Les relais sont pourtant fréquents; leur intervalle ne dépasse pas deux ou trois heures. Chaque arrêt pour atteler et dételer les dix mules ne demande que cinq à six minutes. On peut se faire une idée des frais d'un pareil service par le nombre des mules et des relais, et par la fréquence des accidents.

Gwelo. — Gwelo, où nous arrivons tard le soir du jour suivant, est au bout d'une longue plaine dépourvue de bois; la rivière Gwelo est à sec, sauf des flaques d'eau stagnantes, des marais. La ville, ou plutôt la station, n'est qu'une large rue avec un hôtel en bois où il fait encore chaud ce soir. Au delà, les bois maigres reparaissent, bordant des collines toutes noires sur l'horizon au clair de lune. Mon compagnon est un peu fatigué; il va se reposer quelques jours à Gwelo, et prendra un autre coach pour Buluwayo. Je lui dis adieu à l'hôtel où nous dînons ensemble; sa résignation est touchante, il semble ne pas sentir son mal, ni faire attention à ses béquilles, il est jeune et sans souci. Dieu sait ce qu'il adviendra et si jamais je le reverrai. Je suis pourtant tranquille sur son avenir, il saura se tirer d'affaire.

Dans les collines de l'ouest et au sud de Gwelo, il y a des kraals, et dans cette direction on a trouvé des quartz aurifères. Bientôt commence la forêt de Somabula, une épaisse bande noire qui s'étend vers le nord à perte de vue; elle est très dense, et on dit qu'elle ne discontinue pas jusqu'au Zambèze. Les environs de Gwelo sont intéressants, mais la localité elle-même ne passe pas pour être très salubre, à cause de la présence des marais.

Au matin, nous traversons la rivière Shangani; au sud s'élèvent des collines boisées et des kopjès; à leurs pieds s'étendent des bois, des fourrés de mimosas. C'est là-bas, au nord, au delà d'une gorge que nous distinguons au loin et que traverse la Shangani, que le major Wilson a péri en 1893 avec une trentaine de volontaires, cernés par les Matabélés. Le major Forbes, qui conduisait avec le Dr Jameson les opérations de la guerre, ne put arriver à son secours, et de la petite avant-garde, pas un homme ne revint pour raconter la dernière lutte désespérée. Ils furent tous trouvés morts côte à côte, et cette belle défense demeure le fait le plus illustre de la guerre faite par la Chartered

Company au roi nègre Lobengula. Celui-ci fut complètement battu et obligé de s'éloigner au delà du Zambèze, où il mourut. Le major Forbes, qui a raconté cette campagne en détail, a noté des remarques curieuses. Quand un obus faisait explosion, tous les Matabélés déchargeaient sur lui leurs armes. Forbes eut l'explication de ce fait par un prisonnier : les noirs s'imaginaient que l'obus est plein de petits hommes blancs qui s'en échappent à l'explosion et vont tuer tout ce qui est à côté d'eux.

Plus loin, à la rivière Bembezi, eut lieu un autre des engagements de Forbes avec les Matabélés. Le major était d'une rare ténacité ; il allait tête baissée devant lui, mais il ne paraît pas avoir été capable de combinaisons, il fallait qu'il fût dirigé.

Le pays redevient accidenté et boisé, puis c'est de nouveau la plaine du *high veldt;* à gauche à l'horizon, ce sont les monts Matoppo.

Mais enfin, en face de nous, où la plaine ouverte est entièrement dégagée de bois, se dessine une longue colline à sommet aplati. Ce sont les *Thabas Indunas*, qui ne sont qu'à huit ou dix milles de Buluwayo, et où sont situés de nombreux kraals matabélés. Nous traversons une rivière assez profonde, quoique presque sans eau, encaissée dans des rochers schisteux. Puis le sol devient rouge, plus fertile, il se couvre de bois ; nous approchons de Buluwayo.

Un dernier accident est heureusement évité : une des roues d'avant de la diligence sortait de son essieu, et une de celles d'arrière perdait sa jante en fer. La forêt ne cesse pas encore que les baraques de tôle ondulée commencent d'apparaître ; bientôt elles forment des rues. Nous traversons le marché, encombré de bœufs et de chariots boers, et nous stoppons enfin devant le Charter Hotel. Nous sommes dans la capitale du Matabeleland, le Buluwayo moderne.

Buluwayo. — Cette ville, où j'ai passé une semaine, ne me laisse point une impression aussi agréable que Salisbury : elle est plus jeune, on le voit à ce que la tôle ondulée domine de beaucoup sur la brique ; cela est si neuf au milieu de la plaine indéfinie couverte de petits bois, qu'il reste encore çà et là, dans les grandes avenues à peine tracées, un arbre isolé qu'on a oublié d'abattre, seul reste de la forêt de jadis. Il y a bien une mince rivière sur l'un des côtés de la ville ; on se demande cependant pourquoi Buluwayo est là plutôt qu'ailleurs. La ville ne date que de seize à dix-huit mois, depuis la guerre de 1893, et, telle qu'elle est, elle cause déjà un véritable étonnement.

Buluwayo est en effet beaucoup plus affairé que Salisbury ; c'est le centre de nombreux districts miniers : Insiza, Gwanda, Bembezi, Shangani, Belingwe, Selukwe, etc. Il se monte à chaque instant de nouvelles compagnies, et la plupart des propriétés sont déjà prospectées et accaparées par des syndicats. L'argent qui se dépense est considérable. On sent qu'il y a une force qui pousse en avant ce pays beaucoup plus que le Mashonaland ; on veut développer d'abord Buluwayo, et dans ce but on pousse activement la voie ferrée destinée à relier cette ville au Cap par Mafeking et Kimberley, uniquement en pays anglais, évitant le Transvaal. Et la force qui pousse ainsi en avant est puissante en influence et en capitaux.

Le Charter Hotel, où je suis descendu, est un peu moins confortable que l'Avenue Hotel de Salisbury, mais il y a bien autrement de monde. Je compte près de deux cents personnes à table dans la salle à manger. On fait facilement connaissance sous ces lambris de tôle où les tables sont rapidement servies par des garçons alertes, en vêtements blancs, presque tous des Anglais. Les gros ouvrages sont faits par des noirs. Mais les chambres sont des plus sommaires et d'une rare exiguïté. Il n'y en a pas à un seul lit ; l'on couche à deux au moins dans une cellule encombrée de bagages : on a l'avantage de faire de plus près la connaissance des prospecteurs, ils sont souvent intéressants.

On me montre des minerais d'or fort beaux provenant des différents districts ; à chaque instant des prospecteurs partent, d'autres arrivent. C'est un va-et-vient constant de beaux chevaux anglais bien sellés qui se succèdent devant l'hôtel, où leur bride est fixée à des barres de bois destinées à cet usage unique. L'activité est partout, et tous ces gens ont l'air heureux et bien portant, le teint coloré; ils font plaisir à voir. Je les trouve admirables de s'installer ainsi sans arrière-pensée de retour, du moins prochain. Il y a douze cents habitants à Buluwayo contre huit cents à Salisbury; ce sont surtout des marchands de toutes sortes et des mineurs.

Ce qui m'étonne aussi, c'est la confiance et la franchise avec laquelle ces Anglais, ceux qui sont dans les affaires, vous exposent leurs découvertes et leurs projets. Ils jouent cartes sur table, c'est à vous de vous décider; ils vous montrent les risques, mais pour eux le risque est même un appât de plus. Il leur faut l'émotion du jeu, l'*excitement*, comme ils disent, ils ont une passion pour ce qui demande de l'audace. Buluwayo est une *Busy town*.

Il y a déjà des monuments à Buluwayo, à peine achevés d'ailleurs. La poste est luxueuse, beaucoup plus belle que celle de Salisbury; l'hôpital est aussi plus grand et plus confortable. Le club est bien installé, et pourtant on va en construire un nouveau : j'y suis admis avec cordialité, et le soir ce sont de très intéressantes conversations sous la véranda, qui regarde la rue en construction, et au delà le vaste espace des bois.

Un financier influent m'invite à sa maison de campagne, une villa à un quart d'heure du club, dans la brousse et les arbustes. C'est un dédale pour y arriver : la villa est en briques, à un étage; il y a le piano usuel; un bon dîner, avec des conserves pourtant, mais aussi des vins fins, nous attend dans la salle à manger.

Les Pères Jésuites me reçoivent en ami; ils ont une chapelle, et j'ai l'occasion de constater qu'il y a beaucoup de monde le dimanche sous son toit de tôle, entre s murs de bois. On ne saurait comprendre, sans l'avoir éprouvé, le plaisir de rencontrer des religieux français en Afrique.

C'est dommage que la saison soit avancée : il y a des orages, et il tombe des averses; en outre, le temps est lourd; je fais cependant quelques courses dans les environs.

L'ancien kraal militaire de Lobengula à Buluwayo occupe un espace circulaire d'un diamètre de quinze cents mètres : sauf des restes de palissades, il est en ruine, ainsi que les deux baraques en briques qu'habitait le roi. Les murailles intérieures étaient décorées de fresques à l'huile, dont un portrait de la reine d'Angleterre, la Grande Femme Blanche.

Lobengula était un homme intelligent, et les Matabélés, qui sont Zoulous d'origine, sont une peuplade guerrière redoutable. C'est un miracle que Forbes et Jameson aient réussi si rapidement à conquérir leur pays : ils le doivent surtout, dit-on, à la maladresse

LES MONTS MATOPPO, PRÈS DE BULUWAYO (RHODÉSIE)

des noirs pour tirer un coup de fusil ; ceux-ci tiennent la crosse sous l'aisselle, il sont bien plus redoutables avec leurs sagaies.

La principale industrie des noirs est la fabrication d'une bière avec le millet, le blé cafre. C'est leur boisson favorite : Lobengula en était si avide qu'un jour un jeune Cafre qui la transportait en ayant goûté en route, le roi lui fit couper les oreilles pour n'avoir pas entendu ses ordres, le nez pour avoir senti sa bière, la langue pour en avoir bu, puis il le fit massacrer et livrer aux chacals et aux vautours.

Je ne décrirai pas le pays qui s'étend vers Selukwe et qui rappelle beaucoup les régions du Mashonaland que nous avons parcourues en chariot boer. M. L... m'a raconté l'anecdote suivante à propos des crocodiles qu'on trouve dans certaines rivières. Il voyageait avec des porteurs nègres ; un gamin noir qui les accompagnait voulut s'approcher d'un de ces *pools* ou bassins d'eau vaseuse dont on ne voit pas le fond. Comme il se baissait pour essayer de boire, il fut saisi par un crocodile qui lui enleva une partie de la hanche gauche ; les entrailles sortaient, mais le gamin put se retirer et il fut rapidement enlevé par ses camarades. Ceux-ci bandèrent la plaie avec de la terre argileuse et des lambeaux d'étoffe, et ils purent emmener leur camarade, qui marcha courageusement plusieurs jours. Quelques mois plus tard, M. L... revit ce jeune nègre tout à fait guéri, la chair avait repris, formant seulement un rétrécissement du côté gauche.

Quelles courses ne leur fait-on pas faire, à ces pauvres nègres, pour courir à la recherche de l'or? C'est bien là le plus puissant stimulant de la civilisation : sans l'or, les blancs ne s'aventureraient pas pour se contenter d'agriculture. Il y a de l'or au Matabeleland ; il est à souhaiter que ce pays prenne le développement qu'on espère, car le sol est riche, au moins en bien des endroits, le climat est bon, il y a place pour un large contingent de population blanche.

De Buluwayo, mon intention est de me rendre au Transvaal pour visiter les mines d'or de ce pays; plus tard j'irai voir les mines de diamants de Kimberley. Je vais donc retenir ma place pour le coach qui va à Pretoria : la distance de Buluwayo à Mafeking est à peu près la même que celle de Buluwayo à Pretoria, 530 milles, soit huit à neuf cents kilomètres; nous en aurons pour une semaine en voyageant jour et nuit : il n'y a de station qu'à Tuli et au Transvaal. Le Limpopo est à mi-chemin; c'est la frontière. En route donc, avec la perspective de passer sept jours dans la caisse d'une voiture : heureusement nous avons pu dormir quelques bonnes nuits en prévision de ce voyage.

De Buluwayo au Transvaal. — Nous partons à huit heures du matin, dans un coach Louis XIV, tout à fait semblable à celui qui nous a conduits de Salisbury à Buluwayo, mais nous sommes plus nombreux, on sent qu'il y a plus d'activité sur cette nouvelle voie.

Pour aller vers Tuli, nous traversons les monts Matoppo, région déserte et fort sauvage. La végétation est maigre, les rochers font souvent saillie, la route est très mauvaise, semée de rocs et accidentée : on passe à gué quelques rivières presque à sec, mais encaissées dans des berges rocheuses qui sont profondes. On descend, mais insensiblement. Mon voisin, qui est pessimiste, me dit que nous traversons un désert, avec le pittoresque en moins. C'est pourtant original que ces successions de collines couvertes d'arbustes et d'une herbe jaune, avec des rochers en saillie.

A la suite de ces collines, il y en a de plus basses, des amoncellements de rocs granitiques, avec de petits arbres fort bizarres, l'aloès aux longues feuilles pointues et épaisses, l'euphorbe aux branches massives formées de grosses feuilles bout à bout, comme le cactus.

Parfois je passe une partie de la journée sur l'impériale pour mieux voir; mais quels cahots! Il faut se cramponner aux courroies et aux tringles de fer qui retiennent les bagages : il y a bien un semblant de siège avec un dossier, mais il menace ruine, et les branches d'arbres vous atteignent à tout instant. Le troisième jour je suis récompensé par la vue d'un arbre dont le tronc est un cône parfait, énorme à la base, haut de dix à douze mètres, presque pointu au sommet : les branches ont la même forme, et le tout a cette couleur grise et cette allure massive qui évoquent l'éléphant. Je reconnais le baobab sans l'avoir jamais vu : son gros fruit un peu acide est la crème de tartre.

Les kopjès disparaissent ; il n'y a plus que la plaine boisée et herbacée toute jaune, mais les baobabs se multiplient en nombre et en grandeur. C'est un plat désert de sécheresse ; l'air est obscurci de sauterelles et de cigales par nuages et par milliards dans chaque nuage. Le chant des cigales remplit tout l'espace, et cela dure pendant des heures.

Jusqu'à Tuli, nous avons passé nos nuits dans la voiture, sauf quelques heures dans un store situé à plus de cent milles de ces villes écartées : Buluwayo et Fort Tuli. Heureusement il y a mon Australien d'Adélaïde qui m'amuse par ses histoires et ses saillies, notamment sur Sarah Bernhardt et sur l'acteur Holloway dans le *Roi Lear*. Ce sont parfois des fusées de rires ; ces sièges pourtant finissent par être bien durs.

Près de Tuli, qui n'est qu'à six cents mètres d'altitude, la végétation change et devient tropicale. Ce sont des palmiers et des cocotiers élancés, sur les bords de sable de larges rivières. On nous accorde un léger répit pour dîner le soir à Tuli, et coucher sur le sol dans la hutte ronde qui est l'unique auberge, mais seulement jusqu'à une heure du matin. C'est toujours un repos bien gagné, encore que les rats et un gros chat viennent me réveiller à plusieurs reprises. Tuli n'est qu'un assemblage de quinze ou vingt huttes rondes en terre ou en chaume; ce fut le premier poste anglais au Charterland.

Il est nuit quand nous quittons Tuli; il n'y a pas grand'chose à voir, bien que la lune soit claire. Vers six heures du matin, nous traversons le Limpopo ou la rivière des Crocodiles ; ici la végétation tropicale atteint une vraie splendeur, plus encore que sur la rivière Tuli. Les lits de ces rivières arrivent à plusieurs centaines de mètres ; en ce moment, l'eau n'a pas cinquante mètres de large, et n'a pas de profondeur.

De l'autre côté, c'est la douane de la république boër, le Transvaal; nous avons quitté le sol du Charterland, il nous reste en ce moment le souvenir de ces centaines de mules qui nous ont successivement traînés, pressées et harassées par les cochers noirs qui galopaient à côté d'elles en les cinglant du court fouet en peau d'hippopotame : bêtes et gens donnent tout ce qu'ils peuvent donner. Pourtant ce pays, la Rhodesia, a l'air *improvisé;* il faut maintenant le *faire* plus sérieusement, par les chemins de fer surtout, qui n'offriront aucune difficulté tout le long du haut plateau.

Nous décrirons maintenant nos courses dans le Transvaal, ce pays aussi intéressant et presque aussi neuf que le Charterland. En quittant le pays de Rhodes, la Rhodesia, nous tenons à dire qu'en somme, ce pays est tout à fait digne d'être colonisé; il est sain et productif; les gens qui y vivent se disent très contents d'y être; l'on sera peut-être bien heureux d'y venir quand nos vieux pays, ce qui ne tardera guère, seront trop encombrés. Que l'or, en grande ou en petite quantité, y attire les premiers pionniers, puis que les chemins de fer s'établissent, et ensuite le pays se passera de l'or. On en demeure bien convaincu lorsqu'on voit la véritable abnégation dont ils font preuve maintenant, ces vaillants prospecteurs. Je n'oublierai pas les deux malheureux qu'on a trouvés morts à quelques centaines de mètres l'un de l'autre, là-bas à cent milles au nord de Salisbury, au mont Darwin. Ils vont toujours et toujours de l'avant sans regarder derrière eux; c'est ainsi qu'ils ont transformé en pays admirables le Far-West américain et l'Est australien, et c'est ainsi qu'ils feront, avec les ressources si grandes de la Rhodesia, une des plus belles parties de leur futur empire sud-africain.

5 décembre 1896.

CHAPITRE. VII

LES RUINES DE ZIMBABWÉ AU MASHONALAND.

Notre séjour au Charterland n'a pas été assez long pour nous permettre d'étudier en détail les ruines de Zimbabwé. Elles sont cependant si curieuses et si spéciales qu'il nous semble intéressant d'en donner une description aussi complète que possible; cela nous est singulièrement facilité par l'étude qu'en a publiée un archéologue anglais, M. Théodore Bent, qui est venu, en 1892, passer près d'un an en Afrique dans le but unique d'étudier ces diverses ruines. Il a fait exécuter des fouilles et a décrit minutieusement ses trouvailles. MM. Swan, Willoughby et d'autres, à commencer par l'explorateur allemand Carl Mauch, qui les a découvertes, ont également décrit ces ruines extraordinaires.

Les ruines de Zimbabwé sont situées à 20° 16′ 30″ de latitude sud, et 31° 10′ 10″ de longitude est de Greenwich, à vingt-cinq kilomètres environ au sud de la nouvelle ville de Victoria, sur les bords du haut plateau central de l'Afrique du Sud, et cependant encore à près de 1,000 mètres d'altitude. C'est la principale d'une longue série de ruines qui s'étendent presque jusqu'à la côte est d'Afrique, surtout le long de la rivière Sabi, à Matindela, etc.

Le sol est composé presque exclusivement de granit, et les ruines sont bâties en granit; c'est dans cette roche ou près de son contact avec d'autres que se trouvent les filons aurifères anciennement exploités dans la région de Zimbabwé.

Le moyen le plus simple pour se rendre aux ruines, c'est de partir de Victoria avec des chevaux ou en chariot boer traîné par des bœufs, ce dernier moyen permet de s'arrêter plus longuement. Le pays est très pittoresque; sur ce versant oriental du haut plateau, le climat est plus chaud, et la végétation devient plus belle et peu à peu tropicale à mesure qu'on descend les vallées. L'on passe entre les rivières Tokwe et Mtelekwe, dans une région couverte de forêts et arrosée par des eaux abondantes. Des collines varient constamment le paysage, mais bientôt on franchit un col et l'on aperçoit au delà un nouveau groupe de collines dont l'une, un kopjè de granite avec des parois à pic, porte un sommet couronné de ruines, comme seraient celles d'un château fort du moyen âge. C'est Zimbabwé.

Dès le premier coup d'œil, on distingue trois groupes

de ruines : une sorte de forteresse au sommet d'une colline, à l'origine même de la vallée ; diverses accumulations de débris au pied de la colline, et une grande enceinte circulaire un peu plus bas dans la plaine : c'est cette dernière ruine qui est de beaucoup la plus curieuse, mais de toutes et de partout, c'est un inextricable fouillis d'arbres et de broussailles qui émerge au-dessus des murailles, ou bien, comme au pied de la colline, ce sont les champs de maïs des Cafres auxquels les ruines servent d'enclos, lorsqu'ils n'ont pas achevé leur démolition.

Il a été très difficile aux premiers visiteurs de pénétrer dans l'intérieur de la grande muraille, tellement les abords mêmes sont obstrués de lianes, d'arbres et de plantes tropicales et de hautes herbes. Quant aux murailles, étant dépourvues de ciment, la végétation n'a pas eu de prise sur elles, et c'est grâce à cela, peut-être, qu'elles sont si admirablement conservées.

La forme générale de la grande enceinte est celle d'une ellipse dont le grand diamètre est d'environ quatre-vingts mètres, et le plus petit de soixante mètres. La hauteur des murailles varie de cinq à onze mètres, et leur épaisseur à la base, de deux à cinq mètres. C'est la partie sud qui est la plus puissante et la mieux construite ; toutes les pierres y sont d'égales dimensions et taillées avec une précision mathématique. Ailleurs, les rangées de pierres sont plus irrégulières, comme si elles dataient d'une époque différente, mais il n'y a pas de transition nette d'une manière de construire à une autre.

Il y a trois entrées, dont la principale est au nord et en face de la colline qui porte la forteresse. Cette entrée n'a qu'à peine un mètre de largeur; elle est placée obliquement dans la muraille, étant déjetée sur la gauche, et le seuil conduit à l'intérieur par des degrés descendants cimentés avec du granit pulvérisé. Les deux autres portes, au nord-ouest et à l'ouest, sont encore plus étroites.

Sur la paroi extérieure de la muraille du sud-est seule, existe une idée architecturale et encore très grossière : ce sont deux lignes, figurant des chevrons, en granit taillé, les vides étant remplis par des pierres de petites dimensions, et un peu en retrait pour mieux faire paraître les chevrons en relief; en outre, sur cette partie de la muraille étaient intercalés de grands monolithes équidistants. Le sommet est assez large pour que l'on puisse s'y promener à l'aise encore aujourd'hui.

Le premier effet que font ces ruines est celui d'un labyrinthe. A peine a-t-on franchi l'entrée principale qu'on s'engage dans un long et étroit corridor où deux personnes ne pourraient passer de front, entre des murailles énormes, hautes de près de dix mètres, en moellons de granit d'une absolue régularité. A un certain point de ce passage, la muraille, en sa partie la plus épaisse, est percée d'un trou exécuté avec une netteté remarquable; il est difficile de s'expliquer son usage, non plus que celui de plusieurs autres du même genre dans la forteresse.

Ce long couloir a près de quarante mètres de longueur, et à son extrémité il se termine par deux contreforts entre lesquels se trouve marquée par des rainures la place d'une porte. A une époque postérieure, cette porte a été murée.

Au delà, on pénètre dans l'enceinte la plus inaccessible, en forme de croissant, au milieu de laquelle se dressent deux tours, une grande et une petite, en forme de troncs de cône; la plus petite est un peu en avant de l'autre. Le sol est cimenté, en grosses pierres, dans lesquelles a été fixé un monolithe. Il n'y a que deux portes pour pénétrer dans ce lieu, celle par où nous sommes entrés et une autre au delà des tours, à l'autre extrémité. La grande tour a environ onze mètres de hauteur; le sommet en est légèrement écroulé d'un côté; Carl Mauch avoue avoir été cause de cette dégradation.

Les murailles de ces deux tours sont parfaitement circulaires et vont en diminuant de diamètre jusqu'au sommet, où la plate-forme de la grande tour devait avoir plus d'un mètre de diamètre. Près de ce sommet les pierres forment un dessin en chevrons, analogue à celui de la muraille extérieure. L'intérieur est entièrement plein, et il n'y a pas de fondations à plus d'un pied au-dessous du pavé en ciment; cette construction repose ensuite directement sur le roc; il en est de même pour la petite tour.

La destination religieuse de ces tours est démontrée d'une manière évidente par de nombreuses découvertes faites par M. Bent et que nous aurons occasion de décrire.

Le reste de la grande enceinte circulaire est divisé par des murailles très irrégulières où il est impossible de distinguer un plan; on a cru retrouver cependant la place d'un autel en certain point. Ce qui est remarquable, c'est la quantité de monolithes dressés de divers côtés et que nous rencontrerons aussi sur la forteresse.

La seconde masse de ruines intéressantes est celle qui se trouve au pied de la forteresse. Elle est située dans une sorte de vallée et aurait été comme une petite ville, le temple et la forteresse étant isolés. On y arrive en traversant deux étroits passages reliant plusieurs enceintes et passant à côté des fondations de deux tours rondes. Les constructions sont beaucoup moins parfaites que celles du temple, sauf une muraille qui entoure un vaste espace tout à fait au fond de la vallée. Les Cafres ont miné tout ce terrain pour en faire des champs de maïs, et M. Bent n'a pu songer à y entreprendre des fouilles qui auraient été sans résultat. Il a été impossible de découvrir trace d'un cimetière autour de ces ruines ; les anciens habitants devaient avoir l'habitude d'emporter leurs morts à de grandes distances, comme cela se pratique encore chez les mahométans de Perse. C'est du côté de la colline où il y a le plus d'ombre que se trouvent les mieux construites de ces anciennes demeures, et les plus anciennes par conséquent.

Enfin le troisième groupe de ruines, c'est celui de la forteresse au sommet de la colline. Cette colline est un véritable kopje comme ceux que nous avons décrits au Mashonaland. Il est à pic du côté sud, formant un précipice de trente mètres de hauteur. Au nord et à l'est, ce sont d'énormes et inaccessibles blocs ou boulders de granit superposés. L'ouest, le seul côté abordable, est fermé par une puissante muraille.

Cette muraille a quatre mètres d'épaisseur à son sommet, qui est orné extérieurement de petites tours rondes alternant avec de longs monolithes ; il reste encore sept de ces tours d'un mètre de diamètre, et l'effet de l'ensemble est tout à fait particulier.

L'approche de la forteresse est protégée d'abord par divers obstacles et travaux de défense que M. Bent eut de la peine à franchir. Puis vient un passage très étroit dans une fente du granit de la colline, et où sont taillés des degrés. Au sommet, ce passage se bifurque ; d'un côté on aboutit sur le rebord même du précipice de la forteresse, qui se trouve encore défendue par une muraille. De l'autre côté on arrive à une petite terrasse, au pied d'énormes blocs de granit de quinze mètres de hauteur; cette terrasse est ornée de monolithes et de piliers hauts de trois mètres et plus. Au pied de la plate-forme se trouve un assez large espace semi-circulaire, dallé en ciment, avec un autel en granit recouvert de ciment au centre; c'est le plus vaste espace libre de la forteresse, et l'on y jouit d'une vue magnifique sur la vallée et les montagnes.

Tout le sommet de la colline est un dédale inextricable de murailles et de passages étroits et tortueux, entre les blocs de granit, défendus par des contreforts. Puis ce sont des salles arrondies dont les entrées sont déjetées comme dans le grand temple circulaire. Une partie de la muraille extérieure est ornée des mêmes dessins en forme de chevrons.

Au sud du temple de la forteresse, un escalier conduit à des cavernes dans le rocher, où l'on a découvert des fours de fusion pour l'or et divers objets que nous décrirons.

Ce qui est le plus extraordinaire dans cette forteresse, ce sont ces murailles crénelées de monolithes et de tours et ces étroits, profonds, et tortueux passages entre d'énormes blocs de granit, défendus encore de tous côtés par des contreforts et des arc-boutants et aboutissant parfois à des points sans issue.

On se demande quels pouvaient être vraiment les constructeurs et les habitants de ces étranges ruines. M. Bent raconte qu'il eut, à les contempler, la même impression qu'il éprouva devant les champs de menhirs de Carnac en Bretagne, impression à la fois de fascination intense et de dépit de sentir la vanité de toute recherche. Il n'y a à Zimbabwé aucun art architectural proprement dit, car ces dentelles de pierre posées en chevrons ne sont que l'enfance de l'art, et pourtant il y a une habileté merveilleuse dans la régularité de la taille et de la pose de toutes ces pierres de granit, et il y a une véritable intelligence dans la défense des abords de cette forteresse et dans le choix de sa situation.

Les principales autres ruines de la région sont celles du petit Zimbabwé, à douze kilomètres des précédentes, et situées dans une fertile vallée. Les murailles y sont moins régulièrement construites, mais également tortueuses.

Près de la rivière Lundi, à cinquante kilomètres environ au sud-est de Victoria, on trouve les ruines d'une tour circulaire bâtie sur une légère éminence de granit; elle a à peine vingt mètres de diamètre. Les murailles, d'un mètre et demi d'épaisseur, sont construites en pierres régulièrement taillées, sans ciment; au nord, plusieurs rangées de pierres sont disposées de manière à former des dessins disposés comme des arêtes de poisson. Il est probable, comme nous le verrons, que ces dessins qu'on retrouve dans toutes ces ruines ont un rapport avec l'adoration du soleil. Les ruines de Lundi devaient à la fois servir de temple et de forteresse.

A Matindela, sur la rivière Sabi, à peu près au tiers de la distance entre Zimbabwé et Sofala, sur l'océan Indien, mais plus au nord, se trouve tout un groupe de ruines, à Matindela, Meteno, Chilunga et Chiburwe. Les premières sont les plus importantes, sans valoir en dimensions Zimbabwe, mais les deux constructions présentent de nombreux points de ressemblance et ne peuvent être attribuées qu'aux mêmes habitants.

Enfin, à moitié chemin entre Zimbabwé et la mer, aux monts Gorima, près de Melsetter, on a trouvé un grand monolithe dressé, et comme une indication de frontière. Il semble hors de doute que les constructeurs de toutes ces ruines sont venus par le port de Sofala, aujourd'hui à peu près ensablé, et en suivant les rivières Busi, Sabi et Lundi. Leur objet paraît bien avoir été la colonisation, et surtout le commerce et l'exploitation de l'or. On a trouvé de pareilles murailles jusque bien au nord de Salisbury, sur la rivière Mazoé, dans le Mashonaland, comme nous l'avons dit ailleurs.

Les remarques faites sur les ruines de Zimbabwe et, en général, sur toutes celles du Charterland, sont de trois ordres, les unes géométriques, relatives aux mesures des constructions, les autres astronomiques, relatives à l'observation du soleil et des astres, les dernières enfin portent sur l'architecture.

Au point de vue géométrique, ce qui attire d'abord l'attention, c'est la perfection de la grande tour, dont la régularité est un chef-d'œuvre de construction avec un matériel aussi grossier que des moellons de granit ; elle est parfaitement circulaire et en tronc de cône, et située au milieu de l'espace entièrement fermé, à égale distance des deux portes opposées, dans ce qui formait certainement l'enceinte réservée du temple de Zimbabwe.

Son diamètre à la base est de $5^m,22$, égal à la circonférence à la base de la petite tour. Cette mesure de $5^m,22$ vaut 10 coudées, la coudée étant de $0^m,522$. Comme toutes les constructions et tous les objets trouvés ont des dimensions en rapport exact avec cette longueur, il en résulte que la coudée employée à Zimbabwe avait $0^m,522$ de longueur.

La courbe dessinée par la grande muraille extérieure, derrière la grande tour, a pour rayon le triple de la circonférence de la grande tour ; au delà et de chaque côté, la muraille n'a plus pour rayon que le double de cette circonférence, mais cette longueur est égale à la distance extrême d'une porte à l'autre de l'enclos où se trouve la grande tour.

De même, le diamètre de la tour de la rivière Lundi est égal à la circonférence de la grande tour de Zimbabwe.

Au temple de la forteresse, la courbe de la muraille a pour diamètre le demi-rayon de la grande muraille du temple derrière la grande tour.

A la forteresse encore, la grande muraille qui porte des monolithes et des tours a pour diamètre la circonférence de la muraille du temple de cette forteresse, ou la demi-circonférence de la grande muraille du temple derrière la grande tour.

On voit donc que toutes ces dimensions sont calculées avec la coudée de $0^m,52$ et avec le nombre qui exprime le rapport de la circonférence au diamètre; un diamètre se transforme dans la circonférence d'un autre diamètre, et ainsi de suite.

La hauteur de la grande tour, avant que le sommet en soit dégradé, est égale à une circonférence ayant pour diamètre la hauteur de la petite tour. L'angle au sommet de ces deux tours est le même, et égal à 23 degrés.

Le centre de la grande tour est distant de dix coudées du centre de la petite, à cinq centimètres près.

Notons enfin qu'à une autre ruine, découverte à Lotsani, près du Limpopo, par M. Swan, le rayon des murailles est égal au diamètre du temple de Lundi, c'est-à-dire à la circonférence de la grande tour de Zimbabwe. Nous pourrions continuer ces observations aux ruines de Matindela, etc.

Il est donc bien certain que c'est un même peuple qui a construit toutes ces ruines, et que ce peuple connaissait la géométrie ancienne; ce n'est donc pas un peuple de race nègre, mais un peuple de race sémitique probablement.

Les observations astronomiques faites à Zimbabwe sont encore plus remarquables. La première chose frappante, c'est que l'on a disposé de tous les endroits favorables pour l'observation des constellations de l'hémisphère boréal, et seulement de celles-là; d'où l'on conclut immédiatement que les constructeurs de Zimbabwe venaient du Nord, peut-être de l'Arabie ou de l'Égypte. En outre, le culte du Soleil a dû partager celui des autres astres, car les parties décorées des murailles font face au soleil levant au moment le plus chaud de l'année, c'est-à-dire au solstice d'été. C'est l'astre de la fécondation, à son lever, qui a réglé tous les décors des constructions de Zimbabwe; c'est lui qu'on a salué le premier à l'époque de sa plus grande puissance, comme, la nuit, ce sont les astres du Nord qui ont seuls attiré l'attention. Cependant, pour plusieurs autres ruines du Charterland, pour Lundi, pour Matindela, c'est au soleil couchant, soit au solstice d'été, soit au solstice d'hiver, que font face les murailles décorées. Il est évident qu'on a voulu régler l'année d'après l'un des solstices.

La forteresse est presque exactement au nord du grand temple, avec lequel son grand axe est parfaitement aligné; il n'y a guère maintenant qu'une différence de dix degrés entre la direction de cet axe et le nord vrai; si l'on veut calculer à quelle époque cette ligne devait coïncider avec le nord, à cause de la rotation de l'axe de la terre, qui produit la précession des équinoxes, on arrive à près de quinze cents ans avant Jésus-Christ, ce qui est évidemment une date trop reculée; mais d'autres considérations ont pu déterminer, outre celle-là, la position du grand temple, et d'autres moyens ont pu remédier à cette inexactitude dans l'observation des astres.

La distance de la muraille de la forteresse crénelée de monolithes, au grand temple circulaire, est de 620 mètres. Le grand monolithe placé au-dessus du précipice, haut de trente mètres à pic, recevait le premier rayon du soleil levant sur le mont Varoma au solstice d'été, et ce rayon était immédiatement visible de l'enceinte des deux tours, dans le temple circulaire. Il était donc facile, par ce moyen, de déterminer les saisons avec une grande précision; l'année lunaire, qui était autrefois employée, ne coïncidant pas avec l'année solaire, il fallait avoir un moyen d'observer le retour des saisons.

Ce grand monolithe devait servir également la nuit à marquer le passage des étoiles au méridien ; à cause de sa distance, sa hauteur sur l'horizon n'était pas très élevée, mais à la latitude de Zimbabwe, les constellations boréales connues autrefois ne devaient pas non plus dépasser de beaucoup l'horizon. A la hauteur polaire obtenue, qui est de vingt-huit degrés, il y a plusieurs étoiles de seconde grandeur, notamment plusieurs de la Grande Ourse, qui a dû être, autrefois comme aujourd'hui, la constellation la plus connue des bergers et des navigateurs du Nord.

De même, au temple de la forteresse, un monolithe placé au nord exact indiquait le passage des étoiles, mais on n'a rien découvert qui pût servir à observer les constellations australes, répandues pourtant dans une région du ciel beaucoup plus largement étendue devant le temple circulaire, et devant celui de la forteresse, car elle s'ouvre pleinement sur la vallée descendante.

Il nous reste à parler des fouilles exécutées dans les ruines de Zimbabwe. Naturellement, depuis l'époque où elles ont été abandonnées, et qui est très ancienne, car les broussailles et les grands arbres ont poussé partout dans l'intérieur, on a dû enlever tout ce qui s'offrait immédiatement à la vue. Il est même curieux d'observer que, partout où les murs se sont ébranlés, les pierres écroulées ont presque entièrement disparu ; cependant, les noirs ne construisent pas leurs huttes en pierre; peut-être ont-elles disparu seulement depuis l'occupation anglaise, enlevées par les prospecteurs des reefs aurifères des environs.

C'est M. Bent, surtout, qui a exécuté des fouilles et a classé ses découvertes avec la science d'un archéologue. Presque tout ce qu'il a trouvé était enfoui dans le temple de la forteresse, le seul endroit presque constamment à l'ombre, dans une fraîcheur que redoutent les nègres de l'Afrique, et qui a suffi à les empêcher d'y pénétrer; ils ont dû, au contraire, enlever presque tout ce qui se trouvait dans les endroits exposés au soleil.

Tous les objets trouvés sont en stéachiste, roche schisteuse, savonneuse au toucher, facile à tailler et à polir, et cependant très durable; elle existe au voisinage des ruines.

Les plus curieux et les plus intéressants de ces objets sont des oiseaux perchés sur des colonnes, et qui devaient décorer la muraille extérieure du temple de la forteresse, d'après la position où ils ont été trouvés. Il y en a six grands, d'un mètre cinquante à deux mètres de hauteur, et deux petits de dix à quinze centimètres. Il est probable qu'il en existait un plus grand nombre. La forme de ces oiseaux, le dessin de leur plumage, leur bec, rappellent le vautour. Ces oiseaux et d'autres objets (1) se rapportaient à l'adoration du

---

(1) Des phallus, etc.

soleil créateur et fécondateur, et d'après d'anciens bas-reliefs et d'anciennes monnaies, les tours pointues du grand temple avaient la même signification.

Des piliers décorés de lignes géométriques, des pierres de forme curieuse ou grossièrement taillées, de nombreux fragments de bassins, avec des bords bien arrondis décorés de bœufs, de scènes de chasse, des zèbres, rappellent le style phénicien : l'un de ces bassins porte même des fragments de deux lettres au moins rappelant l'écriture proto-arabe. Mais l'on n'a pu découvrir nulle part la moindre inscription, qui aurait été précieuse pour résoudre définitivement le problème de ces ruines.

On a trouvé aussi des cylindres épais percés au centre, décorés de rangées de boutons sur la face extérieure, avec une rainure allant du centre à la circonférence. Ils sont faits de roche très friable, et il est difficile d'en comprendre l'usage.

Le peu de poterie qui a été trouvé serait de style perse.

Les objets en fer consistent en cloches doubles, haches, lances et flèches, pinces, bêches, pelles, etc.

Il existe enfin plusieurs objets qui indiquent clairement le but principal des habitants de Zimbabwe, qui devait être l'industrie de l'or. C'est d'abord un petit four à fondre l'or, en ciment de granit pulvérisé, et muni d'une cheminée. A côté du four étaient des creusets en argile avec des traces d'or encore visibles adhérentes à la partie vitreuse due à la chaleur du feu; puis c'est un moule pour lingots, et la forme de ces lingots en croix de Saint-André est celle d'un lingot d'étain portant le poinçon phénicien, trouvé à Falmouth en Angleterre. Il semble donc bien que l'origine de Zimbabwe est, sinon arabo-phénicienne, du moins due à un peuple qui avait subi l'influence phénicienne.

Si on voulait rechercher cette origine, il faudrait étudier l'histoire de tous les peuples qui ont eu des colonies en Afrique. Les Phéniciens au service du pharaon Necho, celui qui creusa le premier l'isthme de Suez, dont on a retrouvé des traces en construisant le canal actuel, firent, d'après Hérodote, le tour de l'Afrique en l'an 600 avant Jésus-Christ, et ce furent les premiers navigateurs qui dirent avoir vu le soleil à leur droite en naviguant vers l'Occident : ils ont donc certainement connu la côte est de l'Afrique.

L'Arabie a été de tous temps célèbre pour produire de l'or; elle est citée par la Bible, par les auteurs romains, par l'inscription assyrienne de Teglath-Phalazar, qui remonte à 733 avant Jésus-Christ. Faut-il voir dans Zimbabwe le pays d'Ophir, ou le non moins célèbre pays de Pont?

Les Arabes possèdent l'est de l'Afrique dès l'an 35 après Jésus-Christ. Leurs auteurs citent ce pays aux neuvième et dixième siècles, et nomment trois villes du nom de Sabae, celui que porte encore la rivière Sabi. En 1500, lorsque Vasco de Gama fit le tour de l'Afrique, il trouva sur toute cette côte des marchands arabes faisant le commerce de la poudre d'or, et à Sofala, le port naturel de Zimbabwe, il trouva en 1505 deux bateaux arabes chargés d'or.

Les Portugais n'ont pas dû connaître les ruines de Zimbabwe; les récits de leurs auteurs sont trop inexacts, plusieurs avouent même tenir des Arabes ce qu'ils en savent.

Cette partie de l'intérieur de l'Afrique était le fameux Monomotapa, dont la revue anglaise *African Review* a publié récemment une carte française du dix-septième siècle, sur laquelle sont marqués de nombreux gisements aurifères correspondant tout à fait à ceux qu'on a découverts ces dernières années à Mazoé, Lo Mogundis, Gwelo et Umtali : cette coïncidence est au moins curieuse.

Au siècle dernier, cependant, on n'avait encore entendu venir qu'une vague rumeur de ces ruines, et ce n'est qu'en 1871 que le voyageur allemand Carl Mauch les découvrit, et les fit connaître en en donnant une exacte description, les attribuant aux Juifs du temps de Salomon et de la reine de Saba.

Les plus grandes probabilités sont donc en faveur d'une origine arabo-phénicienne des ruines de Zimbabwe. Il faut écarter l'hypothèse d'une immigration malaise qui est venue à Madagascar, et aurait pu venir en Afrique, mais on n'en trouve aucune trace sur le continent africain, alors que les Hovas de Madagascar paraissent être les directs descendants des Malais.

Quels que soient ces anciens peuples, ils ont laissé là un souvenir durable de leur passage, et il a fallu des colons aussi audacieux qu'eux-mêmes pour venir fonder à leur place un nouvel empire africain.

La nouvelle ère qui va s'ouvrir, pour l'intérieur du continent noir, sera évidemment bien supérieure à ce qu'a pu être l'ère de Zimbabwe, mais maintenant comme alors, le principal mobile en est l'exploitation de l'or; si déjà l'on a enlevé des monceaux d'or à ces mines, il en reste davantage encore à enlever avec les nouveaux moyens dont on dispose. Déjà il est question d'utiliser les fameuses chutes du Zambèze, les Victoria Falls, plus grandioses encore et peut-être plus puissantes que les chutes du Niagara. C'est l'électricité, à défaut du charbon, relégué aussi sur les rives du Zambèze, trop loin des centres miniers, qui est probablement destinée à porter la civilisation et la lumière dans les ténèbres de l'Afrique. A côté de la merveille antique de Zimbabwe et des autres ruines qui l'entourent, les Victoria Falls uniront les merveilles naturelles à celles de l'industrie.

Il ne manquera plus qu'une condition pour faire

désormais de l'intérieur du continent africain un pays immense ouvert à toute une population blanche, qui y trouverait un sol et un climat adaptés à sa nature et à ses habitudes, c'est une véritable agriculture. L'Afrique n'a pas encore de colons paysans, comme nos paysans français qui enrichissent la terre de leurs travaux et souvent de leurs sacrifices, sans avoir avant tout un but pécuniaire à atteindre, comme les hommes d'affaires et les spéculateurs d'Angleterre et d'Amérique. Le Français est plus vraiment colon que tout autre, dans le vrai sens de ce mot, par son abnégation, son sentiment d'économie et son amour de la famille. Il a travaillé au Canada et dans l'Inde avant l'Anglais, il est resté le paysan canadien, et si l'Australie n'a pas encore atteint le développement auquel elle doit arriver, c'est qu'elle manque d'agriculteurs. Max O'Rell, dans ses voyages autour du monde, nous apprend que ce sont les viticulteurs français qui ont fait la valeur des vignes australiennes, et il ajoute : « Jacques Bonhomme prospère parce qu'il est à la fois propriétaire landlord, fermier et laboureur, sa femme ne suit pas la mode et ne court pas les voisins. Elle se lève à quatre heures, travaille jusqu'au soir, et sa fortune c'est sa santé. » John Bull et Jonathan ne travaillent pas avec cette ardeur et ce désintéressement; ils sont joueurs et spéculateurs avant d'être travailleurs.

Cela nous mène loin de Zimbabwe, mais il est bon

que ces ruines du passé nous apprennent à réfléchir sur notre propre compte; c'est le plus grand service qu'elles peuvent nous rendre encore. La science archéologique n'est l'apanage que d'un petit nombre, tandis que les paysans français ont peut-être besoin qu'on leur montre où ils peuvent trouver à employer leur énergie et leur travail. Ce n'est pas tout d'avoir des colonies, il faut que les colons y puissent trouver la vie et le climat qui leur conviennent, et il reste en Asie, en Amérique, en Afrique, d'immenses espaces qui ne demandent que des bras de laboureurs intelligents et robustes.

27 juillet 1897.

CHAPITRE VIII

DU MATABELELAND A PRÉTORIA

C'est par le nord que j'ai fait la connaissance du Transvaal, après avoir parcouru le Charterland. Aussi la première impression qu'il m'a faite a-t-elle été un vrai charme, bien en rapport avec les souvenirs des descriptions lues autrefois dans les fameux récits des jeunes Boërs. Cette région du Nord est en effet l'une des plus pittoresque du Transvaal, et elle est encore telle qu'elle était aux premiers voyages des *trekkers* (1) boërs : il n'y a ni chemins de fer, ni industries, à peine des chemins tracés ; c'est le domaine sans limites de l'agriculture et de l'élevage. Avec quel plaisir j'ai contemplé ces immenses étendues vertes, et à l'horizon ces beaux profils de montagnes aux larges croupes ondulées sur un ciel clair d'une pureté infinie! C'étaient l'espace et la vie, épanouis comme aux premiers jours du monde,

(1) De *trek* (marche).

au temps si lointain des patriarches bibliques ; des mondes de souvenirs venaient s'évoquer en pleine lumière. Après les immenses solitudes boisées du Charterland, il y avait un véritable charme à reposer sa vue sur des plaines vertes où rien ne voilait les horizons magnifiques ; on en ressentait une impression profonde et telle que pour la retrouver il faudrait presque reprendre une période de sa vie : impression semblable à celle que produit la découverte d'une œuvre véritablement belle et originale, dans laquelle apparaît tout un monde inconnu auparavant. La manifestation d'une nouvelle beauté de la nature est exactement semblable à toute nouvelle manifestation du génie de l'homme : et ce nouveau monde une fois découvert et pénétré, rien n'en rendra désormais la fraîcheur de l'impression toute première.

Lorsqu'on a passé le fort Tuli, le premier poste anglais au Matabeleland, on se dirige vers un des gués du Limpopo ou rivière des Crocodiles, à travers un pays où la végétation est celle des tropiques ; mais je n'ai pu voir les feuilles découpées des palmiers qu'à la faible lumière d'une nuit sans lune. Au matin seulement nous traversons la rivière ; le coach traîné par dix mules et qui nous transporte depuis Buluwayo n'immerge guère de plus de $0^m,50$ ou $0^m,60$ dans les eaux du Limpopo, qui sont très basses dans cette saison de novembre. Le lit est très large, et les pentes sont escarpées et surtout hérissées d'une végétation touffue; on y a creusé des tranchées pour le passage de la route. Dès que l'on a traversé le gué, le coach roule sur un sable fin à l'ombre de grands arbres d'un vert sombre, comme dans une avenue de parc; il y a vraiment de l'ombre, et cela me repose des arbres au feuillage rare que nous avons connus au Charterland dans maintes régions.

Bientôt une maison se dessine sous ces ombrages; c'est la douane de la République boër du Transvaal. On y fait halte pour la visite du coach et des bagages, une halte reposante, et l'on ne paraît pas bien sévère, les armes accompagnées d'un permis ou port d'armes sont rendues aux voyageurs moyennant le règlement des droits, bien entendu.

La route monte, et l'on arrive enfin à une auberge que nous souhaitons depuis longtemps, celle où nous devions déjeuner. C'est une maison de ferme, tout à fait primitive, au-dessus d'une élévation de terrain où commencent des plaines d'herbe; on y monte à travers des blocs de granit, des broussailles et quelques arbres épineux. L'on nous sert du lait et des œufs : le lait frais nous faisait défaut depuis bien longtemps, et les œufs étaient fort rares. C'est déjà d'un bon augure en faveur du Transvaal que l'abondance de ces biens primitifs; on sent qu'on pénètre chez un peuple de pasteurs et que, pour les choses simples de la vie, au moins, l'on n'aura plus à découper les boîtes d'étain des conserves et du lait concentré. C'est un soulagement.

Nous repartons à travers les bois, les mêmes que nous avons vus au Charterland au nord de Tuli, mais les baobabs y deviennent de plus en plus nombreux et plus grands. Ils sont vraiment superbes maintenant, mais avec ce caractère bizarre que le tronc seul est énorme, sans que le dôme des feuillages s'étende largement autour. Ce tronc est disproportionné avec les branches, qui le sont à leur tour avec les petits rameaux et les feuilles. L'ensemble est lourd et fait la même impression de masse que l'éléphant; et pour compléter la ressemblance, l'écorce est d'une couleur grise rappelant celle de la peau de cet animal. On ferait des maisons dans ces troncs d'arbres; on se met à leur ombre, et non à celle du feuillage, et cette ombre suffit même à midi pour abriter complètement notre groupe de voyageurs; car nous avons passé au Limpopo le tropique du Capricorne, et le soleil reste maintenant à notre nord. Les baobabs se dressent à quelque distance les uns des autres, séparés par les arbres plus petits, comme de grandes colonnes séparées par des colonnettes, et chacun nous paraît plus grand et plus beau que les précédents; notre coach est bien petit quand il passe à côté d'un de ces géants.

Et les relais continuent tous semblables dans ce

dédale de troncs, et d'autres mules, dix toujours, nous entraînent de plus belle à travers des régions toujours semblables, toujours au galop avec la lourde voiture qui bondit sur les racines et les grosses pierres. Le rideau de forêts finit par s'ouvrir un peu pendant que nous traversons les monts du Zoutpansberg.

Le temps est couvert et se met à la pluie ; cela donne aux paysages qui s'ouvrent davantage des horizons et des ciels de Suisse ; il y a des pâturages, et des fleurs sur ces pâturages, des fermes avec des jardinets, des arbres fleuris et des plantes grimpantes. Puis ce sont de subites émergeances de collines tourmentées sur la plaine ; plus loin, des villages de huttes entourées de cactus, des pâturages verts, des troupeaux ; au milieu d'une grande plaine s'élève une colline verte, toute pointue, qu'on appelle Spitzkop, la tête en pointe. Ce n'est pas la Suisse, il n'y a pas ces gazons superbes et cette richesse de végétation des Alpes helvétiques, ces beaux bois de châtaigners et d'arbres aux grands feuillages ; c'est la prairie cependant et les beaux horizons de montagnes, et c'est aussi un pays producteur depuis qu'il est habité par les Boërs, ces pasteurs qui ont beaucoup de ressemblance avec les Suisses et ont, comme eux, la passion des grands troupeaux.

A Pietersburg, où nous arrivons vers six heures du soir, de grand jour encore, nous obtenons de dormir quelques heures ; le coach ne partira qu'à une heure du matin. Avant de dîner et de dormir, nous parcourons les rues de la ville. Décidément cela me plaît tout à fait : les maisons ont la forme de chalets, elles ont de larges vérandas, des jardins avec des fleurs ; des plantes grimpantes s'élèvent jusqu'aux toitures. Et surtout l'on goûte enfin quelques heures de vrai repos dans des lits avec des draps blancs, les premiers que nous trouvons depuis Buluwayo. Quel dommage d'être réveillé vers minuit !

Le coach se remplit tout à fait : il y a avec nous des fonctionnaires boërs qui vont à Prétoria ; nous n'étions cependant pas trop à l'aise dans cette voiture, il est bien inutile d'essayer de dormir, même de sommeiller, et tout le monde se met à fumer. Quelle affreuse habitude, et comment peut-on y découvrir le moindre parfum ?

Excellent déjeuner que celui que nous faisons à Pietpotgietersrest, un nom aussi barbare que le site est joli : les œufs, le lait, le beurre sont exquis, et il y a une bouillie de maïs que je ne retrouverai plus ailleurs. C'est un joli village, aussi fleuri et aussi suisse d'aspect que Pietersburg.

La prairie continue à dérouler ses larges ondulations ; on traverse des fermes peuplées de troupeaux, avec des bergers qui sont des nègres.

Le pays devient maintenant un peu plus accidenté, et il y a des arbres, mais nous n'avons pas de dîner, et je remarque que personne n'a emporté de provisions. Heureusement, à un relai de mules isolé en pleine campagne, au lieu de la tête noire et crépue d'un nègre, c'est la jolie figure d'un gamin boër qui nous accueille; il nous offre des tasses de café. Voici le premier jeune Boër que je rencontre, et avec ses traits réguliers et décidés, et la force qu'on devine déjà dans son apparence élégante, c'est tout à fait le type de l'habitant rêvé du pays des Boërs. Plus tard, j'en verrai beaucoup d'autres, et ils se ressemblent tous; c'est une belle race vraiment, et les types d'hommes sont superbes, de beauté forte et saine : je n'aurais pas cru trouver une si grande régularité dans leurs traits. On voit seulement à leur teint, même chez les plus jeunes, qu'ils ont une habitude extrême de la vie au soleil et au grand air, et des fatigues physiques.

Le pays devient de plus en plus tourmenté. La route fait des contours dans des gorges rocailleuses et embroussaillées, il y a des descentes plutôt raides; c'est l'extrémité des monts du Zoutpansberg : sur les pentes des collines, les cailloux s'amoncellent de plus en plus en débris tombés des sommets. Il a fallu faire la route dans ces régions, c'est-à-dire y travailler véritablement, car ailleurs ce qu'on appelle faire une route consiste uniquement à suivre toujours le même sentier dans la prairie, et à enlever les arbres qui gênent trop le passage. A travers les gorges du Zoutpansberg, il a fallu entailler certains parcours, et soutenir les autres, et il a dû en coûter aux Boërs de s'occuper d'un travail de ce genre, ils le font le moins possible. Et l'on s'aperçoit que même le travail qu'ils ont fait est assez sommaire, car nous sommes bien secoués.

Nous avons encore quelques heures de repos à Nylstrom, encore un joli village d'aspect suisse dans sa ceinture de prairie. Le nom lui vient de la rivière qui le traverse, le Nylstrom, ou rivière du Nil. Lorsque les premiers trekkers boërs sont arrivés dans cette région et qu'ils ont vu cette rivière se dirigeant vers le nord, ils ont cru avoir découvert les sources du Nil et lui ont donné ce nom. Mais c'étaient de rudes hommes d'action, et ils n'étaient pas obligés de savoir la géographie de l'Afrique centrale; nos paysans de France savent-ils celle de la France seulement? L'eau est fraîche et limpide; s'il n'était pas trop tard et s'il ne fallait pas songer plutôt à dîner, que l'on prendrait volontiers un bain! L'on en aurait tant besoin après les poussières et les sueurs de la route, surtout de celle que nous avons faite à travers les sécheresses du Charterland : il faudra attendre d'être arrivés à Prétoria. Il y a des sources chaudes près de Nylstrom, et d'autres curiosités naturelles, mais nous n'avons pas le temps de les visiter.

De là à Prétoria, le pays devient presque une plaine, on traverse un grand bassin salé, reste d'une mer intérieure. Puis les maisons de ferme deviennent plus nombreuses, et animent plaisamment la campagne; nous croisons le coach qui va à Buluwayo et nous lui souhaitons bon voyage sans jalousie. On traverse une gorge rocailleuse où il fait bien chaud, enfin on pénètre dans une grande étendue plane entourée de collines peu élevées, une sorte de cirque. A l'extrémité opposée, des bois d'eucalyptus tranchent sur le vert et le jaune des herbes qui couvrent presque tout alentour. C'est Prétoria, où nous entrons bientôt par des rues ombragées de grands eucalyptus et de magnifiques saules pleureurs, en traversant le pont de pierre jeté sur la rivière à laquelle Prétoria et ses environs doivent leur existence et leur fertilité.

Il y a six jours et cinq nuits que nous sommes enfermés dans cette voiture, avec les seuls relais de quelques minutes toutes les deux ou trois heures, indispensables pour changer les mules, et les arrêts nécessaires de temps à autre pour manger quelque chose dans les stores ou magasins installés dans ce but le long de l'interminable route, à travers ce pays solitaire et qui, au Charterland, parait inhabité. Ma seule distraction de ce long voyage a été de causer avec un jeune mineur australien, d'une vingtaine d'années, d'une gaieté inépuisable, et qui m'a bien amusé par son caractère très ouvert, bien plus français qu'anglais. Il faisait l'empressé et le galant auprès d'une dame allemande venue avec nous depuis Buluwayo. Je crois que ces saillies faisaient du bien à la pauvre femme, néanmoins elle était épuisée en arrivant à Prétoria ; il y avait de quoi l'être, même pour un homme.

J'ai passé près de neuf mois au Transvaal dans ce premier séjour, de décembre 1895 à août 1896, et j'en ai visité plusieurs régions ; je suis même allé dans le Grignaland West et à Kimberley, j'ai été témoin du raid de Jameson à Johannesburg. Pour le récit de ces descriptions et de ces événements, je suivrai l'ordre dans lequel ils se sont présentés, en réunissant cependant ensemble les différents séjours qu'il m'est arrivé de faire dans un même district. Je ne parlerai pas des mines d'or de Johannesburg, qui n'offrent guère d'intérêt en dehors de leur côté industriel, et dans les autres districts aurifères, je ne dirai des mines d'or que ce qui m'a intéressé comme touriste.

CHAPITRE IX

JOHANNESBURG ET LE RAID DE JAMESON.

Comme nous étions arrivés après midi seulement à Prétoria, j'en ai profité pour y passer une bonne nuit, et je ne suis parti que le lendemain pour Johannesburg, où l'on me dit que les hôtels sont encombrés : je reviendrai plus tard à Prétoria, qui me laisse déjà une bonne impression dès ce premier passage; il y a de larges rues ombragées, c'est à la fois ville et campagne.

Le premier ennui qui m'attendait à Johannesburg, ce fut de n'y pas trouver les lettres que j'attendais. Pendant tout le mois de décembre, elles m'arrivèrent avec sept ou huit semaines de date, s'en allant du Cap à Salisbury pour revenir à Johannesburg. Cette ville même de Johannesburg m'a causé dès le premier jour une déception. On m'en avait tant parlé comme d'une merveille, que je m'attendais à y trouver de beaux édifices en pierre, comme dans une ville d'Europe. Je n'y ai retrouvé que l'architecture sud-africaine, le genre de Salisbury poussé à un plus haut degré, les briques et la tôle ondulée. Et encore à Salisbury les artères futures ont une ampleur majestueuse, tandis que j'ai trouvé les rues plutôt étroites à Johannesburg. En outre, le pavage n'existe pas, et tantôt on marche dans la boue, tantôt on est aveuglé de poussière ; on n'a pas encore essayé un procédé de pavage pour remédier à ces inconvénients. C'est la saison pluvieuse qui commence maintenant ; le seul avantage est qu'il ne fait pas trop chaud.

On a couvert de dessins et d'ornements fantaisistes les fenêtres et les façades de toutes ces maisons en briques dont les plus hautes ont deux étages. En certaines rues, Commissioner Street, Pritchard Street, ce ne sont que balcons, colonnettes creuses en zinc, tourelles pointues, pavillons, etc., on dirait des pièces montées ; tout cela est sans grâce et d'une fantaisie lourde et grossière : c'est un goût spécial qui a présidé à tous ces arrangements, le goût de ce qui attire l'œil, le goût de la réclame, pour employer un mot qui rende bien mon impression. C'est à celui qui se distinguera le plus des autres pour mieux retenir et fixer l'attention. Ces conceptions en briques qui devraient être si légères font le plus souvent un effet de lourdeur inattendue, et l'emploi des ferrures arrive au même résultat ; on ne sait quel mauvais vent a soufflé les idées saugrenues qui ont germé chez les architectes de la ville de l'or.

Il n'y a que les constructions simples, entourées de larges vérandas, les maisons coloniales, qui soient acceptables et paraissent offrir un certain repos à la vue par la circulation d'air et par l'ombrage dont elles jouissent. Il y a pourtant de la pierre et de l'or à Johannesburg, mais on a bâti fiévreusement, et le goût ne saurait s'accorder avec la fièvre de l'or.

Comme à Salisbury, il y a un quartier marchand et industriel, un quartier d'affaires et un quartier de villas. Ce dernier s'appelle Doornfontein, et là du moins on jouit d'un peu de repos. A défaut de goût, on trouve le grand sens pratique des Anglais pour se retirer le soir, après les affaires finies, dans une solitude qui donne l'illusion de la campagne. Le haut plateau du Transvaal est sans arbres ; on a planté des milliers d'eucalyptus à Doornfontein (la source des épines), et chaque villa est isolée dans son massif d'eucalyptus et son parterre de gazon plus ou moins grand, où l'on peut cultiver quelques fleurs. Les rues s'étendent entre les arbres, et ce vert repose la vue de la poussière de Johannesburg. Malheureusement les arbres ne rendent pas tout le service qu'ils auraient pu rendre, à cause de l'orientation des rues. Comme en Amérique, le plan de Johannesburg est celui d'un échiquier ; celui-ci s'étend surtout en longueur, la ville s'étant bâtie le long des filons auriferes. Or ces filons sont dirigés de l'est à l'ouest. Donc les rues s'allongent aussi de l'est à l'ouest, interminables, c'est-à-dire en plein soleil du matin jusqu'au soir. Et cela en toute saison, car l'on est trop près des tropiques pour que le soleil s'éloigne beaucoup vers le nord. Les rues transversales sont dirigées nord-sud, mais elles n'ont aucune étendue comparativement aux autres, de telle sorte que ces rangées d'eucalyptus plus ou moins beaux s'étendent sans profit pour le passant, les arbres projetant leur ombre les uns sur les autres toute la journée.

La campagne, à Salisbury du moins, c'était bien la compagne. Il y avait des forêts naturelles, des collines à l'horizon. A Johannesburg, ce n'est qu'illusion artificielle; même des petites collines qui dominent Doornfontein la vue ne s'étend que sur les plantations d'eucalyptus toutes récentes, et sur l'horizon des cheminées des mines d'or. Il y a trop de mines d'or autour de Johannesburg; on est bien dans la ville de l'or, et tout effort pour en sortir est superflu; il faut aller loin, bien loin dans le *veldt*, dans la prairie sans arbres, qui du moins a son aspect grandiose et solitaire de la pleine nature, et c'est ce que j'ai fait fréquemment, pendant mon séjour au Transvaal, préférant visiter les mines des districts éloignés, plus variées, qui sont souvent isolées tout à fait dans la pleine campagne.

Quelque fiévreuse d'affaires que soit la ville de

Johannesburg, il s'y fait cependant un peu de bien. Il n'y a pour ainsi dire pas de pauvres dans cette ville; aussi la charité ne trouve-t-elle pas le moyen de s'exercer; mais s'il arrive un accident comme ce fut le cas pour l'explosion de dynamite dont j'ai été témoin quelques mois plus tard, c'est à qui donnera le plus.

Dans un autre ordre d'idées, la religion est pratiquée à Johannesburg. Sans parler des innombrables sectes protestantes et anglicanes, qui possèdent peut-être quarante ou cinquante églises, de l'Armée du Salut, qui trouve moyen de ne pas faire comprendre son ridicule, des missions évangélistes, etc., etc., il y a des Frères et des Sœurs catholiques qui donnent l'instruction à mille ou douze cents garçons et filles, et qui soignent les malades à l'hôpital. L'Église catholique, entretenue par des Pères Oblats dont plusieurs sont Français, est peut-être la plus fréquentée de Johannesburg, et la seule où l'on ait le plaisir d'entendre de la musique, des messes de Mozart ou de Gounod.

En fait de musique, l'Armée du Salut se contente d'un piston et d'une grosse caisse que l'on promène à travers les rues le samedi soir et le dimanche. On s'arrête sur les places, une foule de vingt ou trente personnes fait cercle, et tour à tour un salutiste ou une salutiste fait un speech dans lequel il parle du bonheur dont il jouit, de sa conversion, et de ce qui a précédé sa conversion, c'est, en un mot, une vraie confession publique; après cela, en avant la musique du piston et de la grosse caisse! on dirait la réclame d'un cirque. Ce qu'il y a de plus curieux, c'est de voir le sérieux des figures qui forment la galerie : évidemment le Dieu de ces gens-là est un dieu pratique uniquement; il n'exige pas le recueillement et les hautes spéculations de l'esprit pour être cherché, non plus que des sacrifices pour accomplir une loi précise, il se met à la portée de tout le monde et fait lui-même sa réclame, il ne demande rien, pas même un peu de goût artistique dans sa représentation. Il est, paraît-il, assez riche pour se passer de tout cela. Voilà une organisation bien curieuse; elle passe un peu inaperçue sous nos ciels brumeux du Nord, mais au jour éclatant de l'Afrique, elle s'étale beaucoup mieux. Je n'ai vu d'aussi original à Johannesburg que les processions des francs-maçons avec leurs insignes, leurs bannières et leurs tabliers. Cela encore est une réclame; décidément ce n'est pas ici le pays des violettes qui embaument.

Il y a plusieurs cafés concerts : c'est là la véritable distraction des hommes d'affaires; cela leur repose tout à fait l'esprit des combinaisons de bourse et de spéculation. Pauvre esprit tout de même que celui qui n'a que ces deux alternatives : le jeu de hasard et le café-concert! Et il paraît que cela use beaucoup. C'est un esprit de ce genre à qui suffit l'exhibition salutiste. Le jeu est entré dans toutes les phases de la vie d'un homme d'affaires; il le transporte aux courses, qui n'ont d'intérêt que pour les paris. Ici cela s'appelle les *sweeps*, c'est-à-dire les endroits où l'on vous balaye (*sweep*, balayer) votre monnaie; il y a une fois par mois des courses à Johannesburg, elles durent trois jours et accaparent si bien les esprits et les affaires que, pendant les trois jours, la bourse est complètement négligée. Il y a encore d'autres *excitements* pour ce genre d'esprit : les séances de boxe, par exemple, sont très recherchées, on s'arrache les places; c'est qu'il y a de fortes sommes en jeu sur les épaules des deux lutteurs, et pourtant bien souvent il est visible que ceux-ci ne veulent pas se mettre dans l'impossibilité de travailler, et qu'entre eux ils ont arrangé d'avance la partie: c'est qu'après une sérieuse partie de boxe entre deux lutteurs également forts, il arrive qu'un des deux ou même tous les deux en ont pour des mois avant d'être remis des coups qu'ils ont reçus.

Comment serait-il possible ensuite à un esprit tendu de cette façon vers le jeu, d'appliquer ses facultés à des problèmes encore plus ardus, comme ceux des combinaisons musicales ou d'un genre artistique quelconque, ou aux spéculations de la philosophie ou de la science? C'est véritablement trop demander, et cela explique que l'on rencontre si peu de gens avec lesquels on puisse causer dans les villes d'affaires, et dans la ville de l'or par excellence. Il arrive cependant que ces gens veulent donner l'illusion qu'ils en sont capables, et ils vous invitent à des exhibitions du *Messie* de Haendel, par exemple. Que peut-il ressortir d'une audition de ce genre? Une chose bien simple : c'est qu'il y a des gens à qui l'on a dit un jour que telle chose était belle; ces gens l'ont cru, parce qu'ils sentaient la supériorité de celui qui leur disait vrai, et ils ont admis et accepté la chose sans la comprendre. L'exécution qu'ils en donnent est en effet la preuve évidente de ce défaut de compréhension, et on leur dirait volontiers de laisser cela, que ce n'est pas pour eux, qu'il vaut mieux retourner au café-concert.

Il y a cependant heureusement quelques exceptions; il y a encore quelques gens qui réfléchissent un peu. L'Anglais, tel que je le connais, du moins, n'a pas l'esprit chercheur et réfléchi; il suit aveuglément une direction qui lui est donnée, et n'en cherche pas les motifs, pas plus qu'il ne cherche à se rendre compte de sa justesse. C'est à la fois une force, parce qu'il ne regarde plus en arrière, et une faiblesse, parce qu'il s'engage à fond souvent dans des impasses dont il ne peut sortir. Cela n'est très bon que si la direction donnée est très bonne. Ainsi il est certain que c'est de l'étranger qu'est venue aux Anglais l'admiration de Shakespeare, du moins des choses vraiment belles du grand poète. Il y eut quelque temps à Johannesburg une troupe de théâtre qui donna des représentations de Shakespeare : eh bien, quelque médiocre que fût l'ensemble de cette troupe, elle arrivait dans certaines scènes à donner vraiment l'impression du poète : c'est que, dans ces pièces, on suit aveuglément une tradition qui a été heureusement donnée par des gens de goût, comme le grand acteur Irving. *Othello* surtout a été par certains côtés une révélation pour moi, parce que le rôle d'Yago était très bien tenu et dans la tradition. Ce qui fait la valeur de Shakespeare, c'est son sens du tragique ; il gagne à la scène autant que Molière, c'est-à-dire énormément, il arrive à évoquer Eschyle et les tragiques grecs. Je ne crois pas qu'aucun Français ni aucun Allemand ait possédé à ce point ce sens du tragique. Les scènes entre Yago et Othello sont véritablement torturantes, et la gradation avec laquelle Yago fait entrer le soupçon dans les pensées d'Othello est aussi savante que celle avec laquelle Œdipe roi découvre peu à peu l'énigme de sa naissance. C'est de l'art extrême, et auquel tout concourt, non seulement les paroles, mais les gestes, les expressions, les jeux de physionomie des acteurs. Il faut entendre Othello pour le comprendre : j'ai vu depuis *le Roi Lear* et *Hamlet*, mais je n'y ai plus retrouvé une aussi intense émotion artistique.

Mais il y a une soirée pareille, à Johannesburg,

peut-être une fois par an. Dans un autre genre, nous avons eu quelques semaines un petit orchestre de dames viennoises. Cela aussi c'était parfait, et j'ai bien regretté leur départ, qui a été dû à la folle équipée du docteur Jameson.

Il faut bien en venir à cette fameuse équipée : auparavant, cependant, et pour en expliquer un peu mieux les circonstances, il importe d'exposer quelques faits qui l'ont précédée. Johannesburg est une ville où il y a maintenant près de soixante mille blancs dont beaucoup font et ont fait des fortunes et, par suite, veulent vivre luxueusement. Pour apporter à tout ce monde les nécessités et le luxe de leur vie, il existe plusieurs voies ferrées : celle du Cap, celle de Lorenço-Marquez et celle de Natal ; cette dernière vient d'être terminée. Ces trois voies traversent depuis la mer pour arriver à Johannesburg de véritables déserts, ou du moins d'immenses espaces à peu près inhabités ; seule celle de Natal parcourt plusieurs centres cultivés. Johannesburg est au bout de ces serpents de fer comme le centre vers lequel converge leur plus grande, presque leur seule espérance de trouver leur alimentation et leur subsistance. La plus longue de ces voies, celle du Cap, a seize cent cinquante kilomètres ; la plus courte, celle de Lorenço-Marquez, en a six cents environ. Il est donc tout naturel, à cause des transports, que la vie courante soit chère à Johannesburg, puisque les pays du Transvaal qui l'environnent ne produisent rien, ou presque rien. Le sol a beau être fertile et susceptible de produire tous les fruits de la terre, à condition d'être arrosé; il faut encore qu'on le travaille, et jusqu'ici les Boers étaient trop peu nombreux et trop pauvres pour entreprendre de grands travaux agricoles. De leur côté, les Anglais, depuis qu'ils sont au Transvaal, ne paraissent guère s'être souciés de la question agricole; la question affaires les a totalement absorbés. Donc, le Cap, Natal et Lorenço-Marquez vivent de Johannesburg en grande partie.

On comprend alors que la vie soit chère à Johannesburg, non seulement pour les blancs, mais aussi pour les noirs. Ceux-ci travaillent dans les mines au nombre de quarante à cinquante mille. Les compagnies payent leur nourriture, et quant à leur salaire mensuel, il est très élevé, près de 90 francs, mais il ne tenait qu'aux compagnies de s'entendre pour le réduire; elles n'arrivent pas à s'entendre sur ce point, même actuellement, en 1896; l'Anglais n'a jamais su se servir du noir : il le traite comme un blanc d'abord, mais pour l'anéantir ensuite. Ce sont là les premières conséquences de la situation géographique où s'est bâtie la ville de l'or. Les autres conséquences sont du même ordre : cherté des transports de toute sorte et, par suite, des charbons nécessaires aux mines, de la dynamite, etc., etc.

Ces circonstances irritaient les gens d'affaires en les empêchant de réaliser des bénéfices considérables, parce qu'ils ne pouvaient économiser les dépenses. Aussi ils s'étaient constitués en comité de réformes, et ils présentaient ces réformes au gouvernement du Transvaal et à son président Krüger, comme si elles eussent été immédiatement réalisables de la part des Boers et n'eussent dépendu que d'eux, alors qu'elles demandaient de longues études et de lentes améliorations (1). Peut-être les Boers mettaient-ils quelque défiance à écouter ces propositions de réformes ; elles étaient, en effet, accompagnées de demandes plus graves et qui tendaient à les priver de leur liberté. On demandait pour tout nouveau venu le droit de voter et de devenir citoyen du Transvaal ou *Burgher*. Les Boers sentaient bien que, s'ils cédaient, ils se préparaient, au Transvaal, le même sort qu'ils avaient eu ailleurs dans l'Afrique du Sud, à Natal et au Cap. Or, le Transvaal leur avait coûté bien des travaux, des peines et des privations : ils aimaient ce pays, qui commençait à les récompenser de leurs peines, et où ils jouissaient de la liberté sous un ciel admirable et dans un climat où leurs familles prospéraient à l'envi. Et quelle raison leur donnait-on pour demander de

---

(1) Piquant spectacle, celui de ces financiers qui avaient absorbé les capitaux des actionnaires européens, et qui maintenant accusaient le gouvernement boer d'en voler les intérêts !

jouir de tous leurs droits dans leur pays? La seule raison qu'on payait des impôts. Raison d'argent qui ne pouvait être inventée que par des hommes d'argent, par des gens qui, à les écouter, voudraient mettre la morale en actions (en *shares*). Un pays est à celui qui l'aime et le travaille, en y consacrant sa vie entière et l'avenir de sa famille, et non pas à celui qui ne fait qu'y passer, sans esprit de retour, et seulement pour y faire fortune; tout le monde le sentait bien à Johannesburg, et c'est pour cela que les réformes ont excité si peu d'enthousiasme, comme nous le verrons, lorsque le moment fut venu de les réclamer. Les ingénieurs, les employés des mines, les travailleurs, en un mot, étaient totalement indifférents à cette question de devenir burghers : tout ce qu'ils demandaient, c'est qu'on leur laissât gagner paisiblement l'argent dont ils avaient besoin, ceux-là, et pour lequel ils travaillaient et peinaient avec l'espérance d'emporter plus tard un peu de bien-être dans leur propre pays. Mais devenir burghers, ils n'y pensaient même pas : laissons les agriculteurs à leurs troupeaux, les ingénieurs à leurs mines; le Transvaal est avant tout un pays d'agriculture et d'élevage, et il le sera bien longtemps après que les mines d'or seront épuisées. Les mines d'or, les seules qui soient profitables, en occupent une infime partie; ceux qui les auront écrémées s'en iront presque tous. S'il en est à qui le pays plaît davantage et qui désirent y rester, ils ne trouveront aucun accueil hostile de la part des Boers ; c'est là tout ce que veulent ces derniers, en refusant les droits de citoyens du Transvaal à qui n'a pas douze ans de séjour dans leur pays.

Il sera bien curieux de revoir Johannesburg dans une quarantaine d'années ; il est probable que les raids dans le genre de celui de Jameson ne risqueront plus de se renouveler. C'est ce raid que l'on préparait pour le 30 décembre 1895. On en parlait à mots couverts depuis une quinzaine de jours à Johannesburg, et tout à fait ouvertement depuis Noël. Mais il y avait bien plus longtemps qu'il en était question. Je me rappelle fort bien qu'au mois de septembre, à Salisbury, où j'étais alors, au Mashonaland, on parlait d'une guerre qui allait éclater entre le Transvaal et l'Angleterre. Nous étions là quelques Français qui nous demandions comment cela pourrait arriver, tout apparaissant calme du côté du Transvaal ; on parlait bien d'un redoublement de sévérité de la part de ce pays pour le passage des *drifts* (gués) sur ses frontières, mais de là à une guerre il y avait loin, et les quelques personnes à qui nous en parlions, en cours d'excursions au Mashonaland, hochaient la tête d'un air tout à fait incrédule. Quand je pense qu'après l'agression il y eut des journaux pour soutenir que ni Rhodes, ni Krüger, ni Jameson même ne se doutaient de cet événement!

Alors cela lui est venu, à ce pauvre Jameson, dirait Daudet, en écoutant chanter le rossignol.

Et pourtant il n'y eut plus à en douter dès le soir du 30 décembre, quand on apprit le départ du docteur Jameson de Pitsani Potlugo avec huits cents hommes à cheval, des troupes de la Chartered Company, armés de fusils et de canons Maxim. Même après le discours du président de la chambre des mines, M. Lionel Philips, discours d'une véritable violence vis-à-vis du gouvernement boer, et après le manifeste du chef du comité de réformes, M. Charles Léonard, la population de Johannesburg ne soupçonnait pas qu'une guerre fût possible. Il y avait eu une réunion ouvrière à la mine Simmer and Jack, et un ingénieur américain, M. Brown, avait complètement dissuadé la population travaillante des uitlanders de se mêler de tout mouvement, en lui montrant l'inanité des réformes demandées, qui ne serviraient qu'à un petit nombre de capitalistes; il avait même parlé de l'amalgamation des mines d'or, qui en aurait été la conséquence et qui aurait été bien plus funeste encore pour Johannesburg que l'avait été pour les mineurs de Kimberley l'amalgamation des mines de diamants.

L'enthousiasme était donc tout à fait de minces proportions à la nouvelle de l'invasion de Jameson. La journée du 1ᵉʳ janvier fut extraordinaire, le seul mouvement populaire, et encore il fut modéré, se produisit justement contre le comité de réformes, qui n'avait pas su ou voulu envoyer des secours à Jameson.

Toute la matinée, en attendant le docteur, dont on donnait à chaque heure des nouvelles, ce n'étaient dans les rues que gens à pied ou à cheval, mais tous bottés et éperonnés, armés jusqu'aux dents, le grand chapeau gris en bataille, avec le bord gauche martialement relevé, les bandoulières pleines de cartouches; des cavaliers parcouraient les rues au triple galop, au risque d'écraser les passants et les curieux qui encombraient les voies publiques : heureusement il n'y avait presque plus de dames et d'enfants; on les avait envoyés au Cap et à Durban. On croyait ces cavaliers messagers de graves nouvelles, mais si l'on surveillait leur départ et leur arrivée, on s'apercevait qu'ils ne faisaient qu'un tour de ville, pour se montrer sans doute dans leur équipement, et ils repartaient du même train d'enfer. Il y en avait des centaines, tous pareils : on y reconnaissait des employés de bureau, plus fiers de se montrer avec un fusil qu'avec une plume. Mais il serait injuste de ne pas le reconnaître, peut-être tous ces gens-là, qui nous faisaient l'effet de Tartarins, seraient-ils partis volontiers au secours de Jameson, si on les y avait envoyés. Il y eut pourtant des Tartarins aussi à Johannesburg, car ce type n'appartient pas uniquement à Tarascon. Les rues présentaient vraiment un spectacle piquant.

Le plus curieux spectacle fut cependant celui que présenta le balcon du Stock Exchange pendant cette journée. Les leaders du *Réform comittee* n'avaient pas effrayé leurs femmes au point de les faire partir pour le Cap ou pour Durban; il suffisait du départ des centaines d'autres pour faire croire à la terreur qu'inspiraient les Boers et aux menaces que leur attribuaient les réformistes. Dès le matin du 1er janvier, il y eut donc à la Bourse, sur le large balcon de briques supporté par des colonnes, un étalage de dames en grande toilette, abritées de larges ombrelles blanches, venues là pour attendre l'arrivée du docteur Jameson et le saluer à son entrée dans sa bonne ville de Johannesburg. Elles portaient des bouquets et des gerbes de fleurs, et le soir il devait y avoir illumination.

La matinée se passa tranquillement, bien qu'avec un peu d'impatience : le docteur était à Krügersdorp, il était à Randfontein, à Roodeport, etc. A une heure on partit pour aller *luncher*, et les dames quittèrent le balcon, mais elles y reparurent à trois heures pour ne partir définitivement qu'à six heures du soir. C'était le désappointement qui commençait, mais on ne savait rien encore, malgré les nombreuses estafettes à cheval et en bicyclette qu'on voyait courir les rues.

Ce n'est qu'à huit heures du soir que le Comité réformiste osa afficher la lugubre nouvelle de ce qui s'était passé dans la matinée et qu'il connaissait depuis midi. Ce fut le dénouement de cette révolution d'hommes d'affaires, le plus piteux des échecs.

Tandis que le pauvre Jameson se battait bravement avec des hommes éreintés de fatigue, contre des troupes de Boers de plus en plus nombreuses, et perdait une centaine de ses cavaliers, on ne se préparait pas un instant à Johannesburg à lui envoyer des secours. Puisque la partie était engagée, il fallait aller jusqu'au bout. Il y avait là beaucoup de ces cavaliers brillants aux grands cols blancs qui ne demandaient qu'à partir. Aussi, le soir, quand on sut que tout était fini, que Jameson et ses soldats étaient prisonniers à Prétoria, ce fut un cri de colère de la foule massée sous les fenêtres de l'hôtel des Goldfields, où se tenaient les chefs du Comité de réformes, le gouvernement provisoire, comme on l'avait appelé prématurément. Cette foule était cependant plutôt calme dans son mécontentement; il n'y a pas à Johannesburg ce qu'on appelle la populace dans nos grandes villes, et dont les colères sont terribles, parce que la misère n'existe pas encore dans la ville de l'or; chacun travaille et chacun fait son profit, de sorte que personne n'est au fond très mécontent de l'état des choses.

Et puis, il m'a semblé que les gens se rendaient un peu compte qu'ils étaient dupes d'un petit groupe de capitalistes, qui ne songeaient qu'à poursuivre un but personnel et ne songeaient pas le moins du monde à faire une œuvre populaire; et, dans des cas pareils, quand il n'y a pas une grande idée au fond d'un mouvement que l'on prépare, ce mouvement ne saurait être populaire. On ne se bat pas, on ne risque pas sérieusement sa vie pour de l'argent, et ici ce n'était même pas pour de l'argent, c'était pour les intérêts financiers de quelques personnages.

S'il y avait eu véritablement un mouvement afrikander en vue de l'union libre de tous les États sud-africains, ç'aurait été autre chose; mais ce mouvement-là n'est pas près de venir, puisque celui qu'on en croyait le chef a laissé croire, dans cette circonstance, qu'il n'était qu'un administrateur et un financier. Aussi l'excitation n'a été que superficielle, et il n'y eut plus le soir du 1ᵉʳ janvier, dans la foule massée sous les Goldfieds, qu'un seul sentiment, celui du mépris pour les hommes qui avaient fait pénétrer dans le Transvaal une troupe de braves gens, dont une centaine avaient péri pour une cause égoïste dont ils étaient les défenseurs inconscients.

Cependant la situation était critique pour Johannesburg. Les Boers étaient à bon droit furieux de l'injustifiable agression anglaise, et exigeaient la reddition immédiate de toutes les armes qui se trouvaient à Johannesburg. Des avis officiels reçus de Prétoria étaient même très graves; on nous disait qu'il n'y aurait rien à faire de longtemps à Johannesburg pour des ingénieurs français. Aussi nous décidâmes, le petit groupe que nous étions, de partir pour le Cap, où nous attendrions les événements. Le 5 janvier au soir, nous prenions le train, mais dès notre arrivée au Cap nous apprenions que tout était fini, que Johannesburg rendait toutes les armes, et que les membres du Comité de réformes se rendaient en prison à Prétoria. Il était bien certain cependant que les affaires n'allaient pas reprendre du jour au lendemain; aussi je pris une courte semaine de repos à Cape Town, repos dont j'avais grandement besoin d'ailleurs, après le fatigant séjour que j'avais fait au Charterland, le voyage de Buluwayo à Prétoria, et ce voyage de Johannesburg au Cap qui m'avait pris quatre jours, car deux fois, en compagnie d'un charmant homme, un noble vieillard qui rentrait en France écœuré des Anglais, nous manquâmes le train par la faute des employés; il me disait de son ton calme et légèrement sarcastique, à chaque nouveau désagrément : « J'en rirai longtemps, mais plus tard. »

Cette semaine au Cap m'est restée comme un charmant souvenir et un repos d'esprit et de corps : le calme de cette ville offrait le plus piquant contraste avec l'agitation frondeuse de Johannesburg. Les promenades au bord de la mer, les bains de mer, les courses à Wynberg, à Constantia, sur les pentes de la Table, me firent bien vite oublier les malheureux événements du Transvaal, et quand j'y retournai, le 17 janvier, je pus reprendre mes travaux comme s'il ne s'était rien passé; tout le monde avait fait comme moi et avait déjà oublié, les mines avaient repris toute leur activité.

CHAPITRE X

PRÉTORIA ET LES BOERS.

Prétoria est à 65 kilomètres environ de Johannesburg, à trois heures de chemin de fer environ, car il y a toujours un arrêt forcé à Elandsfontein, d'où part l'embranchement de Johannesburg. Les Boers ont eu grand soin de ne pas relier directement cette ville au Cap, de façon à pouvoir l'isoler plus facilement, mais en outre sa situation très élevée ne permettait pas d'y arriver directement.

Le situation de Prétoria est inférieure de quatre cents mètres environ à celle de Johannesburg; aussi y fait-il beaucoup plus chaud, d'autant plus que le site est entouré de collines et à l'abri des vents trop violents. Mais il y a de belles eaux courantes, ce qui manque totalement à Johannesburg.

Pour y arriver on traverse le veldt, la prairie sans fin, jusqu'à la station d'Irène, où l'on a installé une ferme modèle qui réussit admirablement. De là on traverse

LE HAUT PLATEAU DU TRANSVAAL : REVUE D'ARMES DES BOËRS

une gorge resserrée et rocailleuse, et l'on débouche dans le vaste amphithéâtre de Prétoria, d'où surgissent de tous côtés les bois d'eucalyptus et de saules pleureurs.

Il y a un beau monument à Prétoria : c'est le Parlement. Le reste fait l'effet d'une ville de province, sauf que les artères sont beaucoup plus larges et les maisons moins hautes, bâties en briques et couvertes en tôle ondulée, comme à Johannesburg.

Je suis allé à plusieurs reprises à Prétoria. Il s'y est passé cette année un événement très intéressant : c'est le procès des membres du Comité de réformes de Johannesburg, du gouvernement provisoire. On sait ce qui arriva : les soixante-deux accusés reconnurent être coupables des faits qu'on leur reprochait, c'est-à-dire de haute trahison et de lèse-majesté. Cette attitude leur avait été conseillée pour éviter la publication de documents trop compromettants. Ils n'en furent pas moins condamnés, les quatre leaders à la peine de mort, et les autres à des peines variant de trois mois à plusieurs années de prison. La séance des condamnations fut vraiment sérieuse. On voyait circuler des gens chamarrés de chaînes de montre et de toutes sortes de bijoux et les poches toutes gonflées de portefeuilles. C'étaient les amis intimes des condamnés, à qui ceux-ci avaient confié ce qu'ils avaient de plus précieux, parce qu'on les avait prévenus qu'ils en seraient dépouillés en prison. Jusque-là ils avaient joui d'une grande liberté; ils pouvaient venir même à Johannesburg de temps à autre. Des condamnés de confiance, pourrait-on dire.

Pour prononcer la sentence de mort, le juge s'approcha successivement des quatre leaders : L. Philips, colonel Rhodes, J. Hammond et G. Farrar, et leur dit à chacun cette phrase : « Vous, un tel, pour tel et tel motif, vous êtes condamné à être pendu par le cou jusqu'à ce que vous soyez mort. Que Dieu ait pitié de votre âme ! »

Pour des gens qui jusque-là circulaient presque librement et se doutaient à peine qu'ils étaient des prisonniers, la surprise était rude; aussi tout le monde le prit au sérieux; dans l'immense salle des ventes utilisée pour la circonstance à cause de la foule des soixante-deux accusés et de leurs nombreux amis, il y eut des dames qui pleurèrent et des hommes qui devinrent furieux. B. Barnato jura qu'il allait vendre toutes ses mines, et télégraphia de renvoyer tous ses employés. On l'arrêta à temps : les mines du Transvaal ne coururent jamais de plus grand danger; la valeur de celles de Barnato n'en fut cependant pas augmentée pour y avoir échappé.

Quelques jours après arrivait la commutation des peines. La peine de mort était supprimée. Pour des condamnés à mort, le changement était brusque : « Pourvu, disions-nous, qu'ils n'en meurent pas de joie. Voilà qui va faire du bien aux affaires, le marché va monter; mais que de mauvaises affaires vont être lancées à la faveur de cette bonne nouvelle. Le président Krüger aurait beau jeu pour faire des spéculations sur la Bourse, mais il ne joue pas, les Boërs ne sont pas des spéculateurs, tout le monde le sait.

Ce qui m'avait l'air d'un jeu dans tout cela, c'était la combinaison qui avait dû se passer en décembre dernier, lors de la machination du complot contre le Transvaal. Cecil Rhodes savait tout ce qui allait arriver, Chamberlain aussi, le président Krüger aussi, et naturellement Jameson aussi, bien que personne ne voulût l'avouer ensuite. Rhodes devait dire à Chamberlain : « Laissez-moi faire, je suis sûr de réussir. » Et Chamberlain disait en Angleterre : « Laissons-le faire, il peut réussir. » Krüger, de son côté, disait sans doute placidement à ses Boers intimes : « Laissons-les faire, nous sommes sûrs de les arrêter. » Mais entre eux ils se taisaient; c'était un whist avec un mort. Le mort, ce fut le pauvre Jameson.

Rhodes avait pourtant des chances de gagner la partie, et s'il eût eu à Johannesburg le major Forbes, celui qui battit le roi Lobengula, au lieu de son frère le colonel Rhodes, les choses se seraient passées plus sérieusement. Il eût fallu aussi un mouvement afrikander mieux défini, plus de sentiment, et moins de finance.

Les Boers ne sont pourtant pas si mal disposés qu'on

le croit vis-à-vis de Rhodes; ils lui en veulent surtout de s'être montré trop impérialiste. Je lisais à Prétoria même un ouvrage fait par un Boer, M. de Vaal ; c'est le récit d'un voyage de l'auteur au Mashonaland en compagnie de Cecil Rhodes. L'admiration et la sympathie pour Rhodes n'y sont point dissimulées, et certains épisodes du récit témoignent des rares qualités de générosité, de bonté et de désintéressement de celui qu'on a appelé le roi sans couronne de l'Afrique du Sud.

Cette littérature sud-africaine, qui compte déjà un grand nombre de volumes en anglais ou en boer, a un cachet de vérité et de simplicité que j'avais bien peu connu auparavant. L'histoire de la guerre de Lobengula par le major Forbes en est un beau spécimen ; j'ai rarement lu quelque chose d'aussi véridique, l'auteur signalant tout ce qui lui arrive, de bien comme de mal, ses fautes comme sa fermeté. Ce sont des modèles de franchise, une vertu qui devient rare même en France, et que l'Afrique du Sud doit peut-être un peu à ses premiers colons français.

Faut-il faire maintenant le procès des Boers, après qu'ils ont fait celui des Anglais? Ils ne sont pas cependant des modèles parfaits, et ils font bien souvent des tracasseries stupides aux étrangers, même à ceux qui leur veulent le plus de bien, comme les Français. Dans les chemins de fer, notamment, l'on n'a pas idée des lenteurs des trains, des arrêts inutiles, de l'arbitraire avec lequel le moindre employé a le droit d'infliger une amende d'une livre et plus à un voyageur pour un billet en retard, etc., etc. Les transports qui doivent rapporter, comme les charbons, sont taxés à des prix exorbitants. C'est là un des beaux effets du monopole. Nous ne parlerons pas des autres monopoles de la dynamite, ni de la douane et de ses tarifs. Il y a peut-être des raisons à tout cela, et dans toute administration, au Transvaal comme ailleurs, il y a des gens indignes. D'ailleurs l'administration du Transvaal est beaucoup plus hollandaise que boer; il ne faut pas tout rejeter sur les Boers.

On ne peut pourtant pas exiger de paysans, qui le sont depuis des générations, qu'ils deviennent tout à coup des gens très civilisés. Il en est beaucoup qui étaient allés volontiers au Charterland, et à qui Rhodes avait donné des fermes, et c'est tout ce qu'ils demandent en Afrique : de l'espace et des troupeaux. Ils sont admirables comme pionniers, comme *trekkers,* selon leur terme, pour ouvrir un pays et soumettre les nègres, ou bien comme fermiers, pour vivre des produits de leur terre, mais ils sont en retard comme industriels, administrateurs, financiers. Et justement sur ces divers points ils se sont trouvés avec les premiers financiers et industriels du monde entier. Le conflit n'a pu tarder à se produire. Donnons-leur le temps, et tout finira par s'arranger dans l'Afrique du

Sud ; le bon sens des uns, l'audace et la ténacité des autres ne peuvent que produire les meilleurs résultats, parce que précisément les uns possèdent ce qui manque aux autres. Chacun son métier, et les vaches seront bien gardées ; les Anglais apporteront les capitaux pour développer les mines et les affaires, et les Boers apporteront la colonisation agricole et l'art de dominer les noirs et de les utiliser.

C'est une chose très difficile et très longue que d'étudier les hommes, et je suis loin de me flatter de connaître les Boers : je ne puis cependant m'empêcher de protester contre les articles venimeux de certains journaux qui leur attribuent toutes sortes de basses qualités d'esprit et de cœur. Ils sont plus près de la nature que nous, gens civilisés, mais ils ne sont pas pervertis : j'ai eu l'occasion d'être reçu dans plusieurs fermes, et j'y ai trouvé partout la famille bien unie et bien constituée, l'autorité du père respectée, et la mère estimée et aimée, et je ne parle pas sans affection aussi des enfants, que j'ai vus tout jeunes dressés à réunir à cheval les nombreux troupeaux de moutons ou de bœufs, très obéissants sur un signe de leur père et prêts à lui rendre tous les services. Il n'y a qu'à voir le regard avec lequel ils écoutent celui qui leur témoigne de la bonté pour comprendre la droiture et le naturel de leurs cœurs ; il y a longtemps qu'on a dit que les yeux sont le miroir de l'âme.

CHAPITRE XI

PILGRIM'S REST.

Il y a un nom qui m'attirait depuis longtemps dans ce district de Lydenburg : c'est celui de Pilgrim's Rest, que porte un petit village situé dans les montagnes de Drakensberg, à plus de cent kilomètres à vol d'oiseau au nord de la voie ferrée de Prétoria à Lorenço-Marquez. Et j'avais une occasion d'aller voir cette région de montagnes : on y a découvert des mines d'or. Des montagnes dans le Transvaal, alors que je ne voyais que des plaines et de vagues collines depuis des mois, cela devait être fort beau, et pour lui donner ce nom de Pilgrim's Rest, le repos du pèlerin, il fallait bien que ce fût un endroit charmant, puisque les pèlerins de l'or, sans doute, l'avaient choisi comme un lieu de repos de leurs fatigantes recherches. Je dirai tout de suite que je ne fus pas trompé dans mes espérances, et que cette région des montagnes de Drakensberg m'a laissé les meilleurs souvenirs parmi celles que j'ai vues au Transvaal, par la beauté de ses paysages, beauté bien spéciale pourtant, et par les travaux intéressants que j'y ai visités.

Je partis donc un soir de Johannesburg pour Machadodorp ; c'est le nom de la station du chemin de fer d'où partent les diligences ou *coachs* qui font le service, trois fois par semaine, de Lydenburg et de Pilgrim's Rest. J'allais reprendre un de ces fameux véhicules qui m'avaient si longtemps transporté dans l'intérieur du Charterland et de ce pays à Prétoria. Mais ce n'était plus pour y passer des jours et des nuits : je n'aurai qu'une journée et une demi-journée à voyager pour aller à Pilgrim's Rest, avec une bonne nuit dans l'intervalle, soit à Lydenburg, soit à Krügerspost, une sorte de station d'où part une autre route qui conduit à Ohrigstadt et, plus au nord, à Leydsdorp, dans le Murchison Range.

Ces nuits dans les trains du Transvaal, les Netherlands railways, ou, en boer, les *Zuid Afrikansche Spoorwey Maatchappij*, si je ne me trompe en écrivant cette langue peu confortable, ces nuits, dis-je, ne sont pas non plus très confortables. On a cependant une banquette en cuir pour s'étendre tout habillé; il fait souvent froid la nuit; et il est bon d'emporter une couverture.

On arrive à six heures du matin à Machadodorp, une demi-douzaine de baraques en tôle ondulée, sur

PILGRIM'S REST, DANS LE DISTRICT DE LYDENBURG (TRANSVAAL)

un plateau qui commence à s'onduler, lui aussi. A l'Hôtel de France, la meilleure de ces baraques, on trouve un breakfast dont on a grand besoin, et d'où l'on est arraché par les sons du cornet, signal du départ du coach.

Durant les huit heures que l'on passe dans cette guimbarde, il est impossible de lire au milieu des chocs qui la font rebondir sur ses ressorts de cuir, comme une balle élastique.

Le paysage est peu intéressant, en général; c'est le veldt ondulé et couvert d'herbe. On traverse plusieurs rivières, le Crocodile entre autres, dont les eaux menacent l'intérieur de la voiture. Il y a un fort beau point de vue, cependant, à un certain relais de mules qui se trouve au sommet de la ligne de partage des eaux du Crocodile et de l'Olifants River. Après une forte montée, c'est la descente vers la vallée de Lydenburg qui commence : elle s'étend au loin très large entre ses pentes vertes ; les crêtes des montagnes sont bleues sur l'horizon, quelques bouquets d'arbres marquent la place des fermes des Boers, les *habitations du désert,* disait le capitaine Reid. C'est un spectacle d'une grande largeur; on voudrait seulement des bois sur ces pentes, les ombres des nuages y font des taches noires qui n'en donnent, hélas! que l'illusion. Tout est vert cependant; c'est un désert d'herbes, on y sent une grande impression de solitude et de tranquillité.

Et il y a bientôt, au pied des pentes, de belles eaux courantes où baignent les roues de la diligence.

L'on a tout le loisir de songer aux premiers pionniers qui parcoururent ce pays à la recherche des alluvions aurifères. Les champs d'or de Lydenburg sont les plus anciennement connus du Transvaal, avec ceux de Marabastad et d'Ersteling, mais ces derniers, étant sans avenir, furent vite abandonnés, tandis que ceux de Lydenburg furent longtemps le rendez-vous des travailleurs d'alluvions. C'est à la fin de 1872 que vinrent les premiers pionniers de Lydenburg, et, dès le mois de février 1873, ils envoyaient les premiers nuggets ou pépites d'or au Landdrost de Lydenburg, puis à celui de Prétoria. En 1874, il y eut près deux mille mineurs dans les différents champs d'alluvions successivement découverts. Mais bientôt tous les travaux durent être interrompus, par suite de la guerre des Boers contre le chef nègre Sekununi, puis par la guerre des Boers et des Anglais sur les frontières de la colonie de Natal. Depuis lors on n'a plus guère travaillé les alluvions à Lydenburg, et ce n'est que tout récemment qu'on a mis à jour les reefs d'où proviennent ces alluvions.

Nous voulions d'abord visiter le principal de ces anciens champs d'alluvions, celui de Pilgrim's Rest; aussi nous ne nous arrêtâmes point cette fois dans la petite ville de Lydenburg. Nous en partîmes à quatre heures pour arriver vers sept heures du soir à la station de Krügerspost, qui n'est qu'une sorte de ferme avec des bestiaux. Il y a cependant quelques chambres à deux lits pour les voyageurs. De Lydenburg à Krügerspost, le paysage devient pittoresque, l'on passe doucement de la grande vallée du Spekboom dans celle de l'Ohrigstad River, un des affluents de l'Olifant. Devant nous montent doucement d'autres pentes plus élevées, qui sont celles de la chaîne des *Montagnes des sources* et que nous gravirons demain matin. Il est nuit, on mange avec appétit, et l'on dort bien après ces dix à douze heures de coach.

Le pays devient tout à fait pittoresque le lendemain matin, quand nous sommes en route pour Pilgrim's Rest. Ce sont des vallons, avec des bois taillis, une vraie brousse qui nous fait oublier la prairie. Puis la route descend en lacet vers une rivière où nos mules vont bientôt plonger pour se désaltérer. Le temps se met au brouillard, un brouillard élevé, il tombe même une pluie fine; cela est fréquent, paraît-il, dans le district montagneux de Lydenburg. Dieu merci, nous voilà donc sortis de cet éternel soleil qui, dans les hauts plateaux, luit implacablement sur nos têtes. D'autres bois continuent au delà des coteaux gravis, puis nous passons au milieu d'une avenue de très grands eucalyptus et de saules pleureurs. Une maison est là, mais en ruine. C'est une ferme abandonnée; il y a déjà un air de chose ancienne dans ces arbres et ces murs, l'air d'un foyer qui a été ami à plus d'une génération et qui regrette sa solitude : voici la petite rivière qui l'arrosait, nous passons, et bientôt il se perd au fond de son vallon solitaire.

Mais en voici un autre, vivant et animé, cette fois, avec la même avenue de hauts feuillages et un jardin égayé par les fleurs et les fruits : on nous offre, au cocher et à moi, car je suis seul passager, des tasses de café; ce sont de jeunes Boers prévenants qui viennent nous faire cet accueil avec leur père à la barbe touffue. J'en vois bientôt la raison, qui est un peu intéressée; on veut nous confier deux jeunes filles qui iront avec le coach à la ferme voisine : il pleut, et il y a une rude montée à faire. Elles ont quatorze et seize ans, et sont en très bons termes avec le cocher : ce cocher est aussi un Boer, il s'appelle Du Plessis, et parle anglais; le français, me dit-il, son père le parle encore un peu, mais lui ne l'a jamais parlé. Quant aux jeunes filles, elles ne savent ni français ni anglais, il n'y a pas moyen d'ouvrir une conversation; elles ne sont pas mal, elles sont vêtues convenablement, elles ont même des ombrelles de soie claire. Du Plessis seul entretient la conservation depuis son siège. Celui-là a conservé un type français; il a un certain air de finesse sous sa barbe déjà forte, bien qu'il soit encore jeune.

Avant de gravir les fortes pentes, nous croisons sur

le bord de la route un chariot boer dételé ; ce sont des gens d'une ferme très éloignée. En route, le père s'est trouvé malade de la fièvre, et voilà huit jours qu'ils sont arrêtés. On nous offre encore du café, mais dans le but manifeste d'avoir une aumône ; une jeune fille, de quinze à seize ans aussi, mais d'une beauté frappante, nous fait entrer sous la tente de toile qui leur sert d'abri. Il y a un baby en chemise qui court sur la terre nue ; c'est un curieux intérieur.

Les pentes que nous gravissons ensuite sont fort raides, et, comme il y a de la boue, les pauvres mules ont grand'peine à nous hisser. Des sommets, la vue s'étend sur des ondulations sans fin de montagnes vertes ; le chemin est pierreux, accidenté, il cotoie des ravins profonds où flotte le brouillard : ce sont des sites tout à fait alpestres. Les fonds des ravins sont couverts de grands arbres, — quel contraste avec le veldt ! — et il y a de la vapeur humide dans l'atmosphère. Nous sommes à seize ou dix-sept cents mètres d'altitude, et la végétation de ces ravins n'a rien de tropical, tout en n'étant pas celle de nos pays.

La descente sur Pilgrim's Rest est encore plus abrupte que la montée qui la précède. Le soleil perce la brume et nous montre tout là-bas, dans un vallon vert, les toits de tôle de Pilgrim's Rest dans leur cadre d'eucalyptus. Le coach manque de se renverser totalement sur le bord de la route, où gît un chariot de transport embourbé ; la pente est terrible, l'on n'a pas idée des pentes que suit la fantaisie des routes boers : elles sont vertigineuses, il faut user du sabot, et aller à pied.

Bientôt les pentes s'adoucissent, nous traversons, au fond de la vallée, de belles eaux courantes, et nous gravissons enfin les dernières pentes qui nous mènent au village de Pilgrim's Rest. Ce dernier parcours au fond du vallon est tout entier tracé dans les anciens champs d'alluvions aurifères maintenant abandonnés, et cela donne au paysage un pittoresque tout particulier. Il y a des kilomètres de ces alluvions, jusque bien au delà de Pilgrim's Rest, entre les deux montagnes qui bornent l'horizon là-bas en face de nous. Demain ce sera un intéressant sujet d'études que de les parcourir.

Je me suis fait raconter l'histoire de ces champs d'alluvions par un des tout premiers pionniers, un Français, ce qui peut paraître extraordinaire; mais c'était un Savoyard, et les Savoyards sont partout, comme les Écossais. Ces montagnards aiment à changer d'horizon, et celui-là a vu ceux d'Australie et de la Nouvelle-Zélande, après ceux du Transvaal.

C'est à la fin de 1872 que vinrent les premiers pionniers de Lydenburg; Carl Mauch, l'explorateur allemand, avait signalé la présence de champs d'or dans le Transvaal dès 1868, mais il parlait du Murchison

Range. Les alluvions furent trouvées en cours de route par des Écossais. Le premier champ découvert fut celui de Mac Mac, et il le fut par l'Écossais Mac Lachlan. Tous les autres en sont voisins, sur les pentes qui séparent le grand plateau central du bas pays, à une altitude variant de treize cents à quinze cents mètres, dans un pays montagneux arrosé par des rivières et des cascades.

Plusieurs de ces cascades sortent de cavernes creusées dans les rochers; l'une de ces cavernes, à Mac Mac, est longue de plusieurs kilomètres. C'étaient là les caves où les noirs cherchaient un refuge dans les guerres entre tribus, ou avec les blancs. Il y en a de pareilles dans les Matoppo Hills, près de Buluwayo, et elles ont rendu aux noirs les mêmes services tout récemment. Ce sont les lits abandonnés d'anciennes rivières.

Ce nom bizarre de Mac Mac mérite d'être expliqué. La première cantine établie sur les champs d'alluvions était habitée par sept Écossais, tous des *Mac quelque chose*. Réunis un soir sous leur tente et discutant le nom à donner aux nouveaux champs d'or, l'un d'eux, Mac Lachlan, fit adopter celui de Mac Mac, pour bien en marquer l'origine écossaise et de façon à satisfaire tous les Mac présents. Les premiers nuggets qu'ils découvrirent restèrent longtemps les plus beaux du district de Lydenburg, et ne furent éclipsés que par ceux de Pilgrim's Rest.

En avril 1873, on avait trouvé une série de pépites ou nuggets valant ensemble environ 800 francs, et ces découvertes étaient faites avec les moyens les plus barbares, par des gens sans expérience et sans ressource pour vivre, dans un pays d'un abord alors très difficile, car il n'y avait pas de routes, ni d'habitants blancs; mais ce pays était très sain, à cause de son altitude élevée. On trouvait l'or à soixante ou quatre-vingts centimètres au-dessous du sol, sous une terre rouge argileuse, dans un gravier formé de quartz, de calcaire siliceux, de débris schisteux, etc. Après les succès venaient les revers, et il se passait de longues semaines sans qu'on fît aucune trouvaille.

La découverte de Mac Mac fut suivie de celle de Pilgrim's Rest, puis de celle de Spitzkop. Bientôt Pilgrim's Rest effaça tous les autres champs d'alluvions. Dans cette crique, longue de plus de six kilomètres, on trouva d'abord des pépites de 16 et de 22 onces, valant près de 100 francs l'once, car l'or était très pur. Les plus belles pépites furent ensuite de 30, de 60 et de 120 onces, et enfin une de 24 livres, qui demeura la plus considérable. On trouvait aussi de l'or en poudre qu'on apporta peu à peu par kilogrammes à Prétoria. Certains mineurs en recueillirent plus d'un kilo dans une seule journée. La principale difficulté consistait à remuer les gros blocs ou *boulders* situés dans les alluvions; il y en avait de gros comme des maisons, on les minait sur le côté et par-dessous pour pouvoir les culbuter ensuite. C'est là-dessous que l'on faisait les plus belles trouvailles; l'or s'accumulait sans doute, arrêté par ces blocs qui faisaient un *sluice* naturel.

Un prospecteur nommé Barrington trouva dans une crevasse de ce genre sept kilogrammes et demi d'or. Dans une roche dioritique traversant la crique, Hosten et May trouvèrent en 1875, en moins d'un an, de l'or pour 12,000 livres sterling. On avait divisé la crique en claims de cinquante pieds sur cinquante. Notre Savoyard, en reprenant en troisième main les claims de Barrington avec de meilleurs outils et à plusieurs mètres plus profondément trouva moyen de laver plus de 100 onces par jour pendant quelque temps; il ne trouvait que des nuggets depuis 7 ou 8 grammes jusqu'à 13 et 14 onces. Souvent, l'or était noir, recouvert d'oxyde de fer.

En 1874, et surtout en 1875, il y eut jusqu'à deux mille mineurs à Pilgrim's Rest et à Mac Mac. On se rend compte actuellement du grand travail qui a été fait, en parcourant les criques de Pilgrim's Rest et des rivières environnantes sur des kilomètres de longueur. On voit encore les coupures nettes marquant les dimensions des anciens claims. A mesure que l'on s'éloignait du centre de la crique, la couche de terre à transverser était beaucoup plus considérable et l'alluvion plus pauvre, de sorte que petit à petit on renonça à trop s'éloigner de la ligne centrale. En outre, la richesse en or était loin d'être uniformément répartie dans la crique; même dans la zone centrale, il y avait seulement des poches riches.

En 1874 on chercha au nord de Pilgrim's Rest, en aval sur la Blyde River et ses affluents, et l'on découvrit les champs d'or et les alluvions de Waterval et de Rotonda, actuellement Lisbon-Berlin et Frankfort. On y trouva quelques nuggets, mais ils ne valurent jamais ceux de Pilgrim's Rest. Ce furent notre Savoyard avec un Français, French Bob, et un Américain, Willie Yankee, qui travaillèrent les premiers à Rotonda Creek ; ils n'y trouvèrent que de l'or fin, pas de nuggets, et cet or valait beaucoup moins que celui de Pilgrim's Rest : il était mêlé de cuivre et d'argent. Un certain Gills trouva plus tard, près du sommet de la montagne, un boulder de diorite décomposée. Mais il ne soupçonna pas le reef de Frankfort, situé à quelque cent pieds plus bas.

On trouvait aussi des alluvions plus près de Pilgrim's Rest, à Colombian Hill. Quatre Colombiens recueillirent d'abord un nugget de 24 onces tout près de la surface, puis ils tombèrent sur du quartz soyeux et de l'or fin, mais en faible quantité.

Les découvertes de Spitzkop et de Ross Hill étaient aussi loin de valoir celles de Pilgrim's Rest. A Ross Hill l'alluvion était située d'une façon tout à fait curieuse et difficile à expliquer. Elle s'étendait sur les pentes d'une montagne et jusqu'au sommet, plus haut que tous les terrains environnants.

Les prospecteurs, en s'éloignant vers le sud, après que les champs d'alluvions de Lydenburg leur furent fermés par les Boers, en découvrirent de nouveaux au Devil's Kantoor (la montagne du Diable), aujourd'hui Barretts, et Cœtzestroem, puis ils tombèrent sur les filons aurifères de la vallée de Kaap, encore en exploitation aujourd'hui, et dont fait partie la fameuse Sheba.

Lorsque les capitalistes anglais arrivèrent à Lydenburg en 1879-80, après les guerres des Boers, ils trouvèrent encore quelques mineurs présents. Un certain M. Benjamin demanda la concession de tous les terrains de Mac Mac et de Pilgrim's Rest. Il l'obtint, mais à condition de payer une compensation à tous les mineurs présents. Plusieurs de ceux-ci obtinrent des sommes relativement considérables, et encore sans soupçonner la valeur des terrains qu'ils occupaient et où l'on trouva plus tard de riches filons aurifères. C'est ainsi que commença la puissante compagnie minière qui possède aujourd'hui la plus grande partie des régions aurifères de Lydenburg et les exploite avec succès.

Le colonel North obtint de même la concession de Waterval et fonda la compagnie de Lisbon-Berlin.

Ainsi Lydenburg fut fermé aux mineurs d'alluvions. Ils en avaient cependant retiré, selon les calculs qui ont été faits, plus d'un demi-million sterling, soit douze millions et demi de francs.

Quelques-uns de ces mineurs avaient en outre commencé aussi la découverte des filons aurifères. Le premier fut un Portugais nommé Barcello ; il trouva le reef de Brown's Hill, à côté de Pilgrim's Rest. En 1875, ayant enlevé l'alluvion, il trouva encore de l'or fin dans la roche située au-dessous : c'était comme une racine de l'alluvion; il se mit à faire un tunnel et suivit le filon, mais il ne recueillit que de l'or fin, et, avec ses procédés rudimentaires, il en perdait plus des trois quarts; aussi il abandonna ce travail. Les frères Lochhead, qui essayèrent après lui, cassaient le quartz à la pelle et le lavaient à grande eau sur des sacs et des couvertures. Cela donne une idée des moyens barbares employés faute de ressources.

La première batterie de cinq pilons fut érigée par notre Savoyard à Brown's Hill ; elle était mue par une grande roue hydraulique, et servit à essayer les premiers filons lorsque M. Benjamin vint pour les acheter. Bizarrerie de la destinée, cette batterie est maintenant à plus de quatre cents kilomètres de là, à Pigg's Peak, au Swaziland, et pourtant elle avait coûté de l'argent et de la peine pour venir à Pilgrim's Rest. On découvrit aussi un filon de quartz à Mac Mac, et on le travailla avec cinq pilons. La crique de Mac Mac était moins riche que celle de Pilgrim's Rest, mais elle se prêtait beaucoup mieux au lavage hydraulique sur deux à trois kilomètres, car la pente est plus forte; il en est de même pour celles de Spitzkop et Ross Hill. Il n'y a plus aujourd'hui que quatre ou cinq mineurs dans ces différentes criques autrefois si animées, et que ces souvenirs rendent maintenant si intéressantes à parcourir.

J'ai passé à plusieurs reprises à Pilgrim's Rest, j'ai fait le tour de tous ces vallons d'alluvions encadrés dans les pentes vertes des montagnes, et toujours avec un véritable plaisir de me retrouver dans un pays qui ressemblait au mien. Je suis sûr que cette raison a contribué à y attirer autrefois les Écossais et les Savoyards, de sorte que l'imagination et le sentiment de la nature auraient conduit, quelque invraisemblable que cela paraisse, à la découverte de l'or.

A Clewer, il y a des ravins d'une fraîcheur délicieuse, entre de très hautes parois presque à pic et pourtant recouvertes d'arbustes vigoureux ; au fond de l'un d'eux se précipite une cascade haute de plus de cinquante mètres : cela vous repose du soleil d'Afrique, qui n'est pourtant pas encore si terrible, dans ces régions. Ailleurs, c'est une rivière d'une eau magnifique qui coule au pied d'escarpements rocheux ou entre des rives de gazon.

Des sommets des montagnes qu'on appelle Jubilée ou bien Ophir, la vue est splendide sur cette mer moutonnée, aux immenses vagues vertes à perte de vue, les unes escarpées et où font saillie les rochers, mais la plupart couvertes d'herbes et de fleurs, séparées par des ravins où s'abritent les arbres avides de chercher l'eau et la fraîcheur.

Il y a tant de filons mis à jour dans ces montagnes, qu'on leur a distribué les noms de toutes les lettres grecques, sauf Omega comme pour dire que le dernier n'est pas encore trouvé. Au surplus, ce ne sont que des affleurements divers d'un même filon plus ou moins irrégulier et dont certaines zones seulement sont fort riches.

Pour aller à Frankfort, on traverse à mainte reprise la Blyde River aux capricieux méandres, ou bien on suit à flanc de coteaux des pentes verdoyantes au-dessus de rochers surplombant à pic le lit de la rivière. Ce sont de charmantes heures à cheval. Près du chemin, dans un ravin, s'abritent pittoresques quelques fougères arborescentes de deux à trois mètres de hauteur, seul souvenir des pays tropicaux. C'est un plaisir de les contempler à l'aise sans souffrir de la chaleur, dans un pays où les hivers sont même froids. Puis ce sont d'autres cascades, et de vraies forêts au sol de gazon qu'on traverse pour gravir les montagnes.

C'est en traversant les rares forêts des criques et des ravins de Rotonda et de Pilgrim's Rest que j'ai senti les premières fois, en Afrique, que ce sol d'herbes et de fleurs sous cette voûte de feuillages, quelque courte qu'elle fût, m'était familier et sympathique ; je m'étais bien souvent défendu d'admirer ces vastes prairies qui font le haut plateau du Transvaal; malgré leurs beaux horizons, je les trouvais trop grandes sous le soleil de midi, et la peine de les parcourir, même à cheval, faisait plus que compenser leur beauté trop vaste. Je ne foulais pas le sol sans fatigue ; ici, au contraire, la fatigue n'existait plus, il y avait des eaux et des ombrages, ceux-ci bien que clairsemés, et cela suffisait pour que je les admire et que je m'incline volontiers vers les herbes et les fleurs pour mieux les contempler.

CHAPITRE XII

LES SOURCES DE LA SABIE.

Les beaux horizons accompagnant les beaux paysages sont surtout ceux que l'on voit en allant à Mac Mac et à la rivière Sabie. Il ne faut pas prendre le chemin que suivent les voitures pour faire ce trajet; il faut suivre à cheval le sentier des crêtes. Quelles diversités d'aspect! D'abord on monte jusqu'à dominer toute la crique de Pilgrim's Rest, et à embrasser d'ensemble les montagnes qui renferment tous les filons : les extrémités de la crique, ravins enfouis sous les arbustes, ont l'aspect solitaire de nos hauts ravins des Alpes. Pour franchir les cimes qui séparent les eaux de la Blyde, qui coule au nord, de celles de la Sabie et des rivières qui coulent à l'est vers l'océan Indien, on longe longtemps à flanc de coteaux des pentes pleines d'herbes où, de temps à autre, intervient la naissance d'un rivulet dans lequel se baignent quelques fougères arborescentes, ces plantes d'une inouïe délicatesse de travail. Ailleurs ce sont des bosquets d'arbres, le sugarbush. Et même voici la forêt de Stanley, de grands arbres tout à fait, où l'ombre est profonde et qu'on ne franchirait pas, avec les lianes qui les enchevêtrent, sans un sentier frayé pour mieux abattre ces pauvres arbres si rares. Elle n'est pas bien grande pourtant, cette forêt, un mille de longueur, et puis l'horizon se découvre tout à fait.

A droite, ce sont les plus hautes cimes du Transvaal, le mont de Mauch, ou Mauch's Berg, dépassant 2,500 mètres, une succession de croupes vertes avec de rares rochers en saillie : devant nous, à l'extrême horizon, une autre série de hautes montagnes, les monts Henderson, Moodie's, Spitzkop. Mais c'est à gauche que le spectacle est le plus curieux et original, sur les monts de Drakensberg.

Ces monts sont encore beaucoup plus bas que nous ; dans le champ de notre vue, ils forment une ligne presque ininterrompue qui s'étend de la pointe de Spitzkop, à peine visible, jusqu'à celle de Graskop, déjà derrière nous. C'est un plateau vert très régulier incliné vers nous, d'une pente extrêmement douce, où coulent des rivières, celles de Mac Mac et de la Sabie, tandis que les sommets de ces pentes sont coupés, à deux intervalles, d'échancrures en éventail également régulières, du moins à cette distance, et où se déversent les rivières de Mac Mac et de la Sabie ; ces échan-

crurent donnent naissance à des ravins immédiatement
escarpés et à de splendides cascades que nous verrons
plus tard ; leur profondeur nous est révélée déjà par
deux promontoires de nuages en flocons d'ouate éblouissante qui font saillie dans les échancrures, tandis qu'au
delà c'est une mer infinie d'autres flocons blancs qui
viennent caresser le rebord allongé des hautes falaises
du Drakensberg. C'est un spectacle d'une beauté sin-
gulière et qui m'a captivé ; je n'en aurais jamais eu
l'idée, et je voudrais pouvoir la rendre.

Beaux et curieux pays que ces bords du Mac Mac
River et de la Sabie, à la fois montagne et plaine. L'on
y jouit de la vue de hautes cimes écrasantes, et aussi
des immenses horizons qui sont l'apanage des sommets. C'est comme un premier degré entre le bas pays
et le high feld ou les hauts plateaux ; le climat y est
admirable, et les eaux y sont magnifiques de fraîcheur,
de limpidité et d'abondance, les cascades s'y précipitent entre les feuillages, les ravins ont des arbres :
c'est un paysage alpestre avec plus de soleil et un
caractère plus spécial et peut-être plus grandiose, à
cause de l'immense étendue de ces montagnes qui
sont la ceinture d'un continent gigantesque.

Il y a d'autres forêts vierges, trop courtes malheureusement, à traverser pour descendre les ravins vers
les plateaux de Mac Mac et de la Sabie. Avec un cheval
qu'on traîne derrière soi, car les branches sont trop

basses, il faut choisir son sentier à travers les lianes, les racines, les ruisseaux et les herbes. Mais on s'attarde à plaisir, le soleil ne donne plus sous ces voûtes. Et au delà, quelle splendeur de végétation des herbes et des fleurs! Elles nous dépassent, même à cheval, et s'inclinent sous notre passage. La route qui suit le plateau de Mac Mac à la Sabie s'allonge sinueuse entre ces herbes folles, faite uniquement pour le passage des chariots. Quelques ruisseaux la coupent jusqu'à ce qu'il faille bientôt traverser la majestueuse Sabie dont le lit, avant les chutes, a plus de soixante mètres de largeur.

Ces chutes sont plus grandioses que celles de Mac Mac. La masse d'eau qui se précipite est bien plus forte. Dans cette échancrure de grès semés de broussailles, les vingt-cinq mètres de hauteur de la cascade sont comme un cristal éblouissant de transparence et de fraîcheur, au pied duquel l'écume blanche est surmontée de l'arc-en-ciel en écharpe sur toutes les gouttelettes qui s'en écartent. Puis, à quelques mètres, c'est le calme d'un lac profond dans de hautes parois à pic, mais bientôt et peu à peu la rivière reprend son allure et sa largeur primitives pour parcourir des gorges ombreuses et resserrées, semées de rocs et de broussailles; elle va descendre ainsi plus de six cents mètres, de cascade en cascade, jusque dans les bas pays où nous ne la suivrons point.

Il y a une jolie auberge sur les bords de la Sabie, abritée de quelques arbres, dans une plaine verdoyante, appuyée sur de hautes montagnes vertes aussi ; c'est un site où l'on aime à se reposer, après la superbe chaleur de ces journées où le soleil vous frappe d'aplomb. Ce n'est pas que l'atmosphère soit brûlante ; au contraire, l'air est toujours frais et remué, mais les rayons du soleil se font sentir sur la figure et sur les mains, cela devient une volupté, et l'on est réellement à la fois *brûlé de soleil et de joie* quand on parcourt une telle splendeur de nature. C'est une volupté non moins grande ensuite de se plonger dans d'abondantes eaux fraîches, comme celles de la Sabie, à l'aube du jour, quand toutes les herbes sont couvertes des diamants de la rosée.

Un peu plus loin, au pied même de la montagne de Spitzkop, qui dresse un étroit rocher vertical au sommet de ses pentes vertes, j'ai goûté un repos non moins agréable dans une ancienne ferme boer. Je ne parlerai pas des alluvions aurifères qu'on travaille en cet endroit avec des monitors hydrauliques, comme en Californie, bien que cela soit un coup d'œil pittoresque, ces puissants jets d'eau réunis ensuite en rivière dans les sluices.

La maison est isolée de ses dépendances, écurie, ferme, etc., dans une sorte de parc planté de pins, de cyprès et de grands arbres, et entourée de parterres de fleurs. Le perron s'élève entre deux fougères arborescentes. L'ancien jardin est devenu une forêt vierge, car on ne s'en occupe plus, et il y a une vraie forêt d'eucalyptus tout autour et en face de la maison. Vraiment on n'est plus ici dans le pays de l'or, bien que ce soit un directeur de mines d'or qui habite cette maison : celui-ci en paraît bien revenu, d'ailleurs, de la fièvre de l'or ; il me dit qu'il ne pourrait plus supporter la vie de Johannesburg, et qu'il est tout à fait bien ici avec ses nègres et ses animaux : chevaux, chiens et chats. Une visite cependant ne l'ennuie pas trop de temps à autre, mais je comprends bien son amour de la solitude, dans la soirée charmante que nous passons, où ne nous arrive aucun bruit, sous la véranda fleurie. C'est un Écossais, un Mac, et, chez ces montagnards, l'hospitalité est proverbiale : « Mettez vous *at home* », vous disent-ils.

De grand matin, je le quittai, et il poussa la complaisance jusqu'à me donner, pour me guider à une autre mine à sept heures de distance à cheval, le domestique qui lui était le plus utile et que j'étais obligé de garder deux jours. Qu'elles sont belles et variées, ces matinées d'Afrique ! Ce matin-là, un brouillard blanc descendait des pentes des montagnes ; et ces gazons couverts de rosée, se perdant dans la brume à faible distance, me rappelaient, à s'y méprendre, nos régions solitaires des Alpes, ces régions voisines des sommets, vertes aussi et souvent ensevelies dans la brume; il faisait frais, et nous pressions nos chevaux. A cette heure, le petit village, ou plutôt les quelques huttes de tôle de Spitzkop, lorsque nous les traversâmes, étaient plongées dans le sommeil. Les Anglais ne sont matinaux nulle part.

Mais à mesure que le soleil montait sur l'horizon, le brouillard se dissipait, et la journée devenait radieuse. Les champs d'alluvions de Ross Hill, presque abandonnés maintenant, — on n'y voyait qu'une cabane et quelques arbres, — mirent un accord pittoresque, par la teinte rouge des terres remuées, dans la symphonie des verts qui ne cessait de se dérouler. Il semble qu'un paysage soit plus solitaire encore lorsque l'homme y a passé, puis l'a abandonné. Loin d'être en plaine, ces champs d'alluvions de Ross Hill s'étendent sur les flancs d'une montagne presque jusqu'à son sommet, et les débris descendent jusqu'au torrent qui roule au bas des pentes.

Bientôt ce fut la montée qui commença. Nous avions à gravir un de ces trois colosses voisins, de 2,600 à 2,800 mètres, qui s'appellent le Mauch's Berg, le Henderson Berg, et le Moodies Berg. On confond indifféremment leurs noms. Je crois pourtant que c'est le Moodies Berg que nous montions.

Cette montée était interminable, je croyais n'en voir jamais la fin. Le sommet, avec la route suspendue à son flanc, se dressait toujours au-dessus de nouveaux contreforts qui recélaient des vallons creux où il fallait redescendre. On a appelé ces contreforts les Devils Knuckles. Ce mot de « Knuckles » signifie le dos de la main fermée, les monticules de chaque articulation. C'est le diable, en effet, d'en venir à bout de ces ramifications de montagnes. Chaque fois qu'on en a gravi une, la vue est plus belle, mais le Moodies Berg se dresse plus haut. Il y a des torrents à traverser ; une cascade tombe là-bas devant nous, aussi immobile que la cire qui aurait coulé d'un cierge. Des troupeaux paissent sans pâtres et ne se dérangent pas quand nous passons.

Nous croisons une seule hutte de nègres dans ces immenses paysages. Il faut cependant s'arrêter pour laisser reposer nos deux chevaux qui sont rendus, et tirer le breakfast du fond de sa sacoche de cuir. Il est onze heures, et voilà cinq heures que nous avons quitté l'Écossais de Spitzkop. Pour s'abriter des rayons solaires, c'est en vain qu'on cherche une roche assez volumineuse pour projeter de l'ombre ; heureusement il fait de la brise et l'on brave le soleil.

Du sommet du Moodies Berg, plusieurs torrents s'écoulent, et l'on s'y désaltère avec avidité, hommes et chevaux : on dirait un glacier qui se fond, comme au sommet du Simplon ou du Saint-Bernard. Mais il n'y a pas de glacier ici ; seulement, le sommet du Moodies Berg est un vaste plateau où l'eau peut trouver des réservoirs naturels, et nous voici enfin sur ces plateaux balayés par les vents.

Les détours continuent à travers des crases, mais il n'y a plus de vraies montagnes autour de nous ; ce ne sont que des monticules. Dans le lointain seulement, à travers une échancrure, nous avons reçu un dernier rayon des bords de la Sabie tout baignés de soleil, et cela nous a fait sentir notre altitude.

J'allais voir une mine qui s'appelle Nooitgedacht, (c'est-à-dire « pas pensé » en boer). En effet, je n'aurais jamais pensé à aller chercher de l'or dans un endroit pareil. A notre droite s'enfonce brusquement un ravin profond dont les deux côtés sont d'égale hauteur, avec un sommet aplati. Les parties supérieures sont des parois à pic, formées de rochers verticaux ; à leurs pieds, les pentes s'abaissent progressivement en arcs de cercle formés d'éboulis que percent des broussailles. C'est une figure géométrique que ce ravin, et l'on en sent venir de la chaleur renvoyée par les rochers. Il m'a fait l'effet d'une chaudière. Nous nous y enfonçons, à travers ces éboulis de rochers à arêtes vives où les chevaux trébuchent et poussent des soupirs de soulagement quand un passage difficile a été franchi, et ils sont nombreux. Cela dure longtemps. Au fond cependant il y a un torrent et des arbustes, on espère une amélioration, mais en vain : c'est toujours la fournaise ; plusieurs fois j'étais sur le point de retourner en arrière, me demandant si mon nègre me trompait, il me semblait impossible qu'il y eût une mine au bout d'un chemin pareil. Au bout d'une heure, après avoir franchi deux fois une forte rivière, le vallon s'élargit, et enfin voici des maisons en tôle, et la brise qui souffle, nous poussons le dernier soupir de soulagement. C'est dimanche, et je trouve chez lui un brave directeur de mine qui parle français, m'accueille d'une façon charmante; c'est un Canadien. La rivière m'offre un bain limpide admirable, le jardin a des arbres, la fraîcheur du soir arrive, c'est un vrai paradis après ce passage dans une fournaise. Il paraît que cet endroit est un des plus sains du Transvaal.

J'ai passé là deux jours trop courts; les bains de rivière surtout excitent des regrets quand on est à Johannesburg, et le Spekboom est une belle rivière, sans être aussi forte que la Sabie. Dans une visite à cette mine de Nooitgedacht, nous avons passé à deux pas d'un énorme *mamba*, le serpent le plus dangereux de l'Afrique du Sud. Il se tenait la tête dressée en l'air, et à première vue je le prenais pour une racine d'arbre. Quand il nous vit revenir avec des intentions hostiles, il se glissa à travers les herbes dans un tas de pierres, et nous le perdîmes de vue. Mon Canadien se promit de venir le soir même faire sauter son repaire à la dynamite.

Je revins seul de Nooitgedacht à Lydenburg, à travers le ravin terrible, obligé de faire l'ascension à pied, mon cheval ne pouvant tenir debout sur ces rocs pointus. Mais la descente sur Lydenburg, à travers les prairies, fut charmante; tout au loin, Lydenburg semblait un bouquet d'arbres perdu avec quelques autres dans l'immense vallée verte; peu à peu les arbres grandirent, les maisons s'écartèrent, je retrouvai la prairie entourée de saules pleureurs où s'élève isolée l'église en pierre, puis l'hôtel où j'avais déjà passé plusieurs fois. J'ai décrit la région qui m'a tant intéressé à parcourir, celle que j'aime le mieux dans le Transvaal, et que je reverrai toujours volontiers.

A Lydenburg il y a des gens charmants. Je trouvai au club des prospecteurs ravis d'entendre jouer Grieg et Beethoven au piano. Qui le croirait! L'on est plus près de la nature ici qu'à Johannesburg, et cela peut-être exerce une influence sur l'esprit qui n'est plus tendu uniquement sur les questions d'affaires et de bourse. L'on se laisse charmer doucement par la nature et par l'harmonie. Le lendemain matin je reprenais le coach pour Machadodorp et de là pour la ville de l'or, mais j'emportais un regret de Lydenburg.

CHAPITRE XIII

DE JOHANNESBURG A KIMBERLEY.

C'est extraordinaire de voir, en parcourant les environs de Johannesburg, combien ils ont été fouillés dans l'espoir d'y découvrir de nouveaux filons semblables à ceux du Rand et aussi riches. Des filons semblables, des bankets, comme on les appelle, on en a trouvé par séries sur des centaines de kilomètres, mais non plus aussi riches. L'on avait bien vu qu'à la surface ils étaient pauvres, mais on a eu longtemps l'illusion qu'ils s'enrichissaient en profondeur. Il s'est formé ainsi deux nouveaux districts aurifères, celui de Heidelberg et celui de Klerksdorp-Potchefstrœm, le premier sur la route de Natal, le second sur celle de Kimberley.

Nous avons fait bien des courses dans le district de Heidelberg, dont la mine Nigel, du nom d'un beau jeune Écossais de Walter Scott, a fait quelque temps parler d'elle. Nous y avons même essuyé des pluies battantes. On couche dans des fermes boers, on voyage à cheval, en cart, sous le soleil et la pluie, en compagnie de jeunes prospecteurs souvent intéressants. C'est dans la petite ville de Heidelberg même qu'on est encore le plus mal logé. Mais il y a là une jolie place couverte de gazon, avec une église au centre et de beaux arbres alentour, et cela fait plaisir à voir quand on a parcouru le veldt sans arbres, et qu'on est brûlé de soleil.

Ce veldt vraiment n'en finit jamais, avec ses rares ruisseaux souvent stagnants, ses collines arrondies d'où le rocher saillit à travers les herbes et fait l'objet de l'étude des prospecteurs. Que de sondages on a foré de tous les côtés, et que de déceptions les ont suivis! Mais ces hommes ne se découragent pas, ils couchent là sous quelques mètres de tôle, en plein feld, pendant des semaines et des mois, pour surveiller leur sondage, et ils vont recommencer ailleurs. Le climat du Transvaal se prête merveilleusement à ce genre de sport; les nuits y sont splendides; à Molyneux, à Greylingstadt, aux bords du Vaal, partout dans le feld c'est l'immense nuit étoilée que l'on contemple sans que rien vienne en distraire; la terre autour de vous dessine son horizon plus calme que celui de la mer, sans un arbre projetant la moindre ombre, comme un miroir d'argent dépoli, vaguement éclairé seulement par l'obscure clarté des constellations. C'est un curieux aspect : certaine nuit, il faisait un clair de lune comme nous n'en avons pas en France d'aussi intenses ; la campagne entière était d'un blanc de neige tranchant avec l'ombre des ondulations des collines. Quelques toits de tôle rayonnaient d'un blanc argenté semblable à de la glace, les feuilles des eucalyptus près des fermes étaient blanches comme sous le givre, c'était un vrai paysage d'hiver, on était étonné de n'avoir pas plus froid. Et c'était un calme à perte de vue, un vrai pays mort, un paysage lunaire avec toute la crudité de ses ombres.

Le jour même, en plein soleil, cette campagne ondulée et sans arbres fait l'effet morne d'un paysage lunaire. Si les habitants de la lune regardent dans leurs télescopes ce côté-ci de la terre, le Transvaal, il doit leur faire aussi l'effet d'appartenir à un corps mort et d'être inhabitable. Et c'est justement une des rares régions de la terre qu'ils peuvent voir à peu près constamment, il n'y a jamais de nuages, le soleil y verse impitoyablement ses torrents de lumière : on en est à regretter les neiges d'hiver et les longues pluies qui rafraîchissent. Quand on entend parler des quarante jours de pluie de Saint-Médard en France, on voudrait bien voir ce saint-là voyager un peu et venir visiter les champs d'or et les champs de diamants du Transvaal. Si cela pouvait l'intéresser, il serait certainement bien venu, alors qu'il est si mal accueilli en

France. Mais voilà, les saints ne se soucient guère de l'or et des diamants.

La route de Kimberley jusqu'à Potchefstrœm parcourt un pays absolument semblable à celui de Heidelberg. Nous l'avons faite à plusieurs reprises dans les *american coaches* du Transvaal. C'est peu récréatif : on part à quatre heures du matin pour être à trois heures du soir à Potchefstrœm, ayant subi les cahots et avalé les poussières de la route.

Le seul incident consistait à traverser une rivière encaissée dans des berges élevées, de sorte qu'il fallait que tous les voyageurs descendissent du coach pour passer l'eau en sautant sur des cailloux. Au delà, il y avait une ferme avec de grands saules pleureurs, et puis le veldt recommençait.

Mais Potchefstroem était une compensation à cette triste route. C'est une oasis de verdure et de grands arbres, signalée au loin par la présence des eaux courantes sous des ombrages, mais cette fois il y a un pont, et l'on n'est pas obligé de descendre du coach. Les arbres continuent et font des avenues jusqu'à l'hôtel, où l'on obtient enfin, à trois heures du soir, la permission de manger quelque chose. Il y eut bien, vers sept heures du matin, un relais de mules où l'on put dévorer à la hâte un breakfast désagréable, mais il y a si longtemps de cela ! et les cahots et la poussière ont creusé les appétits.

Généralement on repart à quatre heures pour être à neuf heures du soir à Klerksdorp, qui est le centre du district aurifère, mais il m'a pris la fantaisie de passer aussi une nuit à Potchefstroem, et je ne l'ai point regretté, car c'était le seul moyen de faire connaissance avec cette charmante oasis.

Potchefstrœm a été, comme Lydenburg, capitale d'une république boer; c'était au temps où les Boers, peuple encore trop jeune pour former une union puissante, étaient plus satisfaits de vivre en tribus séparées. Ils étaient plus isolés et plus tranquilles, et vivaient comme des patriarches avec leurs troupeaux et leurs nombreuses familles. Leurs maisons étaient isolées dans des jardins, et ils avaient planté partout ces majestueux saules pleureurs qui leur étaient sans doute un souvenir de l'ancienne patrie. Et Potchefstrœm, quoique encore si jeune, a bien gardé cet aspect ancien. C'est ravissant et biblique. Les rues sont de l'herbe où serpentent des sentiers, sous des saules pleureurs inclinés jusqu'à terre, bordées de ruisselets, et parcourues par des troupeaux de bœufs et de moutons. Une vieille chapelle, à fenêtres ogivales, couverte de chaume, est enfouie sous les herbes, les saules et les fleurs. Et la nuit est pleine sous ces ombrages, elle est opaque, et l'on n'y sent que l'arome des fleurs. Les Boers semblent dire aux peuples qui prétendent leur apporter la civilisation : « Qu'en avons-nous besoin, et qu'avons-nous besoin de votre or? Nous n'avons pas de soucis, et nous sommes heureux. Prenez l'or si vous le voulez, et laissez-nous dans notre tranquillité. »

J'aurais volontiers prolongé ce séjour à Potchefstrœm, mais dans ce pays et dans nos métiers de voyageurs il faut courir, et l'on n'a pas le temps de se reposer.

De Potchefstrœm à Klerksdorp, on passe par la trop fameuse mine qui s'appelle Buffelsdorn. De fort loin, au-dessus des ondulations des terrains, on voit un sommet de cheminée se dresser vers le ciel. Il y a des arbustes en abondance dans cette région; cela ressemble moins au veldt et me rappelait une course que j'ai faite dans une autre partie de cette même région, mais plus au nord, à Liliefontein, la source des lys. J'avais fait plus de deux cents kilomètres, en cart à deux roues, pendant une semaine, et nous nous étions même égarés dans des marais après avoir traversé des bois taillis comme ceux-ci. Le Boer qui me servait de cocher traversait les eaux en conduisant les chevaux plongeant presque jusqu'aux épaules, et la voiture, quoique haute, était inondée. Il avait quitté en partie ses vêtements avec précaution, et je lui enviai son bain rafraîchissant, tout en me demandant où il me conduisait. Mais il est presque impossible de se perdre dans ce veldt; l'horizon est si vaste, et il y a toujours des étoiles.

Pour aller à Buffelsdorn, cette cheminée vous empêche totalement de vous égarer, et lorsqu'on arrive, c'est un véritable étonnement que ces batteries assourdissantes et ces machines ronflantes en plein désert, brusquement. La mine est curieuse; dans les vides exploités, les piliers de roche abandonnée qui vont en s'épanouissant au toit, sur votre tête, et qui sont fort nombreux, car la roche est peu solide, se perdent dans les profondeurs en laissant l'impression des troncs dénudés d'une immense forêt pétrifiée; leurs sommets se rejoignent en arcades, et l'irrégularité avec laquelle ils sont taillés fait des figures d'écorce et de feuillages plutôt que de colonnes. Les lumières des mineurs piquent l'obscurité de points brillants dans le lointain. Curieux contraste que cette civilisation, si c'en est une, avec ce désert.

Klerksdorp, à deux heures plus loin, est trop neuf pour avoir le charme de Potchefstrœm. Les arbres y sont rares, tout à fait au bord du Vaal seulement trouve-t-on quelques bosquets : cette rivière est large, et sa vitesse est très lente. Elle sépare le Transvaal de l'État d'Orange, mais l'aspect des deux pays est exactement le même. Ce que j'ai vu de plus curieux à Klerksdorp, c'est un orage, des éclairs arborescents, avec tous leurs rameaux, ou bien en forme d'ellipses, et tous les zigzags imaginables. Mais il y manquait les profondes répercussions des coups de tonnerre dans nos gorges des Alpes.

12.

Une curiosité des mines de ce district, c'est qu'on a trouvé quelques diamants dans les filons aurifères, mais seulement près de la surface. A mesure que nous approcherons de Kimberley, nous verrons la présence des diamants se manifester de plus en plus.

Pour aller de Klerksdorp à Kimberley, il faut aller rejoindre à Fourteen Streams la voie ferrée de Kimberley à Mafeking. Il y a trente-deux heures de voiture, et ensuite deux à trois heures de chemin de fer.

Je partis de Klerksdorp à trois heures du matin, dans un cart à deux roues attelé de quatre mules. Pendant plus de trois heures, je fus ainsi secoué dans la nuit noire. Et l'on ne se fait pas une idée de ce que sont les chocs dans ces voitures à deux roues : les coachs sont un délice en comparaison; l'on est renvoyé d'un côté à l'autre, les fers et les bois vous entrent dans les côtes, la capote vient vous frapper la tête, bref on est heureux de voir le jour pour voir venir les coups et tâcher de les éviter. Quant au pays, c'est toujours la même plaine monotone et ondulée, à peu près dépourvue d'arbres.

Vers une heure après-midi, nous déjeunons à un village dont j'ai oublié le nom, avec des Boers, car désormais nous ne rencontrerons plus d'Anglais jusqu'à la frontière du Transvaal. Tout l'après-midi nous courons encore le veldt; nous faisons cependant une halte agréable auprès d'une ferme boer où il y a un bel étang, un jardin, quelques arbres et de jolis enfants, et vers sept heures du soir, en pleine nuit, nous entrons dans une avenue d'eucalyptus : c'est Blœmhof. Seul dans la salle de l'auberge, un vieux Boer m'apporte de la viande froide et du pain qui sent le moisi. A huit heures, je reprends mon siège dans le cart, et au trot des quatre mules, qu'on a déjà changées une dizaine de fois depuis ce matin, nous roulons dans la nuit noire jusqu'à minuit. J'en étais à me demander si toute la nuit allait se passer ainsi, et je sommeillais vaguement sous ma couverture, car il faisait frais, quand le cocher me dit que nous allons dormir quelques heures.

En vain je cherche l'habitation où je pourrai dormir : il n'y a devant moi qu'une étable de mules et des huttes de nègres. Ce brave garçon de cocher avec qui j'ai eu quelques mots de conversation en boer, et qui s'intéresse à moi, me prend par le bras et me conduit dans l'étable. Là il me prépare une couche avec des sacs de maïs et de foin étendus à terre. Lui, va se mettre dans un autre coin de l'étable. Je me couvre avec mon manteau et ma couverture et je m'endors profondément à côté d'une douzaine de mules et malgré les coups de sabot qu'elles donnent par instants : elles ne sont pas attachées. Devant moi s'ouvre la porte de l'étable toute grande. Vers deux heures du matin, je suis réveillé par une sorte de piétinement dans les jambes. C'étaient deux mules qui, non attachées et se déplaçant peu à peu, étaient venues jusque sur moi. Je me retirai précipitamment en arrière et m'installai plus haut pour être, cette fois, à l'abri des coups de pied.

Ce réveil nocturne m'avait du moins procuré une autre sensation moins désagréable : la vue était si belle par cette porte grande ouverte sur le ciel criblé d'étoiles : je pensais à cette autre belle nuit, la première de toutes les nuits de Noël, vue ainsi d'une pauvre étable de Bethléem. Ces épisodes de voyage ont le don d'éveiller des souvenirs pittoresques.

A quatre heures du matin nous repartons pour être à midi seulement au chemin de fer. Nous déjeunons vers sept heures à Christiana, un joli village boer, toujours dans une plaine ondulée, immense et presque sans arbres. Mais au village même il y a des arbres et des eaux courantes.

Peu à peu la végétation s'accentue à mesure que nous approchons du Vaal et de la frontière du Transvaal et du Bechuanaland. Et dans ces arbustes et ces végétaux il y a des alluvions diamantifères çà et là remuées par des mineurs. La voiture roule au milieu des arbustes et des grands buissons ; çà et là quelques pauvres maisons de paysans boers émergent à peine au-dessus d'eux. A l'une d'elles, un gamin nous apporte une lettre, et je lui donne une boîte de chocolat que j'avais prise pour suppléer aux besoins de la route si mal satisfaits. Il me remercie par le plus gracieux des sourires, mais sans dire un mot ; il semble distinguer que je n'ai pas l'aspect boer.

La frontière est de ce côté du Vaal. Rien ne l'indique, sauf une borne en pierre comme serait celle d'une propriété. De part et d'autre, c'est la même plaine d'arbustes et de buissons espacés. Mais il se passe une cérémonie qui lui donne sa signification. Un autre cart vient à notre rencontre et s'arrête à trois cents mètres de nous environ. Les cochers des deux voitures font de l'une à l'autre le transport des bagages. Je me transporte moi-même sur le sol du Bechuanaland et j'adresse un adieu à la terre du Transvaal, que je vais d'ailleurs revoir dans une semaine ou deux, mais par une autre voie.

A moins d'une demi-heure, voici les toits de tôle ondulée de la station de Fourteen Streams (quatorze rivières), dont le nom vient sans doute des nombreux affluents du Vaal en ce point, et à midi précis voici s'avancer la locomotive majestueuse et le train de Kimberley. L'on est mieux dans un compartiment de première que dans un cart, mais il fait chaud au Bechuanaland, plus qu'au Transvaal. Le train s'avance lentement sur cette voie qui va de Kimberley à Mafeking, car les rails et les traverses ne sont guère que posés sur le sol ; il n'y a pas, ou presque pas de ballast, mais le sol absolument plat et uniforme se prête particulièrement bien à l'établissement d'une voie ferrée, et il en est ainsi jusqu'à Buluwayo.

Nous passons un beau pont en fer sur le Vaal, et enfin, vers deux heures et demie, nous voici en gare de Kimberley, une belle gare en fer et en tôle qui contraste avec celle de Johannesburg. Mais celle-ci est en reconstruction.

Kimberley, la ville des diamants, est loin d'avoir l'ampleur et la régularité des artères de Johannesburg, la ville de l'or. Les rues y sont étroites et tortueuses, les maisons beaucoup plus souvent en tôle qu'à Johannesburg. Par contre, il y a quelques beaux arbres, comme des saules pleureurs, dans les rues, au Club, par exemple, qui a été incendié récemment et qu'on est en train de reconstruire. Par contre aussi, il y a des jardins publics beaucoup plus avancés qu'à Johannesburg, parce que Kimberley date de quinze ans plus tôt, et enfin la campagne est plus pittoresque. C'est toujours la plaine ondulée à perte de vue, mais avec des arbustes et de grands buissons, et ce vert égaye la vue davantage que l'éternelle prairie sans limites du « high veldt ».

Il fait plus chaud qu'à Johannesburg; l'on est à une altitude inférieure de cinq cents mètres au moins, et cela se fait sentir sur les gens et sur la végétation, qui est beaucoup plus tropicale.

Mais on ne va pas à Kimberley pour y voir la végétation, ou les rues et les maisons d'une ville de mineurs ; il y a autre chose qui frappe immédiatement la vue, fascine et attire, et cela bien autrement que les cheminées et les tas de tailings de Johannesburg. Ce qui retient, c'est ceci. Quand on est au marché de diamants, une petite place correspondant à ce qu'on appelle « les chaînes » à Johannesburg, on n'a qu'à jeter les yeux dans la direction d'une rue très courte, et l'on voit au loin quelques chevalements de puits ; dans l'intervalle on ne voit rien ; on approche du bout de la rue, et l'on se trouve brusquement devant un vide béant, mais un vide tellement grand qu'il a l'air d'une convulsion de la nature et qu'il semble impossible qu'il soit l'ouvrage des hommes. Ce vide, c'est le pit de Kimberley, la mine de Kimberley, et il y en a trois autres pareils, même plus grands, que nous verrons plus tard et qui s'appellent de Beers, Dutoitspan et Bult-fontein.

En attendant, celui-ci, qui est presque en ville, est un sujet d'étonnement et de contemplation pour longtemps. Il est en forme d'ellipse dont le diamètre moyen est de quatre cents mètres et sa profondeur est de près de cent soixante mètres. Les parois en sont d'abord à pic sur une hauteur de cent mètres, puis c'est le fond qui commence en amoncellements de débris de toute sorte pour se terminer par un petit lac au-dessus duquel se balance une plate-forme en bois suspendue par des tringles en fer à deux chaînes qui traversent l'abîme de part en part. C'était l'installation d'une pompe destinée à épuiser l'eau dans ce fond. Cela donne presque le vertige. Et d'un côté on voit déboucher une galerie qui vient du puits situé en face de nous, l'ancien puits de la Compagnie française, le French Shaft; de l'autre côté, c'est un autre puits foncé à partir de la mi-profondeur sur un soubassement de maçonnerie, tout près des parois à pic, et qui paraît s'enfoncer bien au-dessous du fond de la fosse. Du sommet de ce puits partent deux câbles inclinés qui le rejoignent à la surface, vers un autre puits, et sur ces câbles se meut une plate-forme qui complète la relation du fond du puits avec le jour.

J'ai fait le tour de cette immense fosse qu'ont creusée des milliers de travailleurs pendant des années, et j'ai retrouvé des traces de toute l'ancienne installation, des galeries en bois qui en faisaient le tour et auxquelles on suspendait par des poulies les câbles qui extrayaient la roche diamantifère. Ces câbles étaient si nombreux qu'ils semblaient des traînées de pluie torrentielle sur les anciennes photographies qui en ont gardé le souvenir. Ils n'ont cessé de fonctionner que du jour où les éboulements des parois trop droites ont empêché absolument l'extraction en précipitant plus de déblais qu'on n'en pouvait extraire et rendant la situation dangereuse.

Actuellement on exploite la roche diamantifère par galeries souterraines invisibles au-dessous de cet abîme béant, et l'extraction se fait dans des proportions merveilleuses. L'on arrive à extraire par un seul puits quatre mille tonnes (cinq mille loads) en douze heures. C'est un *record* d'extraction. Nous n'avons pas l'intention de décrire l'exploitation actuelle des diamants, pas plus que l'histoire de leur découverte et des phases qu'ils ont traversées; il y a longtemps que d'autres que nous se sont chargés de le faire. Plusieurs faits cependant frappent les visiteurs : c'est d'abord l'ordre et la rapidité de l'extraction dans la mine, et la méthode d'exploitation de la roche diamantifère. Cette méthode est la plus simple de toutes, c'est celle qu'on appelle le *foudroyage;* elle consiste à tracer des galeries boisées en damiers, suivant des étages en gradins, et à abattre la roche en revenant toujours en arrière et laissant ébouler tout ce qui se trouve par-dessus. C'est ainsi que le grand trou va toujours s'approfondissant mais se remplissant à mesure des débris éboulés provenant des parois. Il y a parfois des accidents, il faut le dire, dans cette manière d'opérer. Les noirs sont fort insouciants et ne se retirent qu'au dernier moment.

Au jour, ce sont d'autres détails qui étonnent les visiteurs : la simplicité des procédés de lavage et d'enrichissement de la roche diamantifère, le broyage des *lumps*, ces sortes de nœuds dans la roche qui résistent au lavage et aux altérations par l'exposition au soleil et aux pluies. Puis ce sont ces immenses et véritables champs de diamants, des champs clos de fil de fer où l'on dépose la roche extraite des puits sur des kilomètres carrés de surface et une épaisseur de vingt à trente centimètres. Des voies ferrées traversent ces champs, et des wagonnets les parcourent sans cesse soit pour y déposer la roche, soit pour la charger et la transporter aux usines de lavage. C'est un va-et-vient continu le long de câbles sans fin, longs d'une dizaine de kilomètres. La roche est exposée de six à douze mois au soleil, à l'air et aux pluies, pour se désagréger, et elle est prête alors pour le lavage, sauf les *lumps* qui vont au broyage. L'on évite ainsi le broyage et le risque de casser les diamants.

La mine de Beers est absolument dans les mêmes conditions que celle de Kimberley : chacune d'elles est à une extrémité opposée de la ville, et elles se servent des mêmes usines. A Dutoits-pan et à Bultfontein on travaille encore à ciel ouvert au fond d'abîmes plus grands encore que ceux de Kimberley et de de Beers.

A Bultfontein, immenses rochers plongeant dans un lac véritable étincelant au soleil, tableau tout à fait alpestre, quoique dû à la main de l'homme, j'ai été témoin d'un spectacle extraordinaire, celui de la décharge générale de tous les coups de mine préparés depuis vingt-quatre heures de toutes parts pour briser la roche. Il n'est pas de canonnade comparable à ces éclats nets et rapides de la dynamite répercutés dans ces abîmes : et il s'en dégage des torrents de poussière, des masses de roches lancées dans l'espace, des éboulements qui se précipitent et ajoutent leur crépitement au bruit grandiose de la basse dominante de la dynamite. Tout tremble à la fois, et il ne serait pas prudent de se tenir trop près des bords de ce cratère.

Dutoits-pan est la plus grande de ces excavations. Elle a la forme d'un haricot, et sa longueur dépasse un kilomètre. On y travaille comme à Bultfontein. Enfin, à Wesselton, un peu plus loin, se trouve la dernière mine de diamants, la plus récemment découverte et la seule dont l'affleurement fût en creux, alors que celui des autres formait un dôme surgissant légèrement de la plaine uniforme de Kimberley.

Deux choses enfin sont très intéressantes à Kimberley : le triage des diamants de la roche lorsqu'elle a atteint son maximum d'enrichissement, et ensuite le classement des diamants par catégories. Après le triage, les diamants sont envoyés chaque jour au classement par une escorte armée. Cette dernière opération se fait dans les bureaux mêmes de la Compagnie de Beers, dans des locaux spéciaux : j'ai vu là des diamants pour des millions, mais cela n'a vraiment rien de bien séduisant à contempler, ces milliers de pierres jaunes ressortant sur du papier blanc. Car la plupart sont jaunes; les blancs, les bleuâtres, verts ou rosés, sont très rares. Il n'y a presque pas de diamants noirs. Beaucoup ont toutes leurs faces cristallines, mais en surfaces recourbées et non planes, et cela fait un effet singulier. Quelques personnes en ont une telle habitude que dans des lots de diamants mélangés des quatre mines, elles feront sans hésiter le groupement par mine; on a de la peine à le croire, tellement ces pierres paraissent semblables les unes aux autres.

Un autre spectacle c'est celui de la fouille des ouvriers noirs, qui réussissent malgré tout à recéler quelques diamants; ils ont employé toutes les ruses. Le meilleur moyen a été de les parquer dans des logements ou *compounds* dont ils ne peuvent sortir que pour leur travail.

Une fois assortis par dimension, couleur et pureté, les diamants sont vendus par lots à un syndicat qui représente les principaux marchands de diamants du monde entier. Ils sont vendus à un prix fixe moyen, et la production est toujours calculée de façon à être en rapport un an à l'avance avec la demande prévue. Les lots varient depuis dix mille jusqu'à deux à trois cent mille carats. Le plus gros diamant que nous ayons vu pesait cinq cent quatre carats, il était de la dimension d'un petit œuf de poule, mais de couleur jaune, avec une cassure et une tache vers le centre : il a dû être divisé en plusieurs autres pour pouvoir être taillé.

L'administration de Beers a construit pour ses employés blancs un village à quelques milles de Kimberley, qui s'appelle Kenilworth. C'est un vrai parc avec des bois d'eucalyptus et de pins, de larges avenues, des pelouses de tennis, et de jolis cottages avec des jardins. A l'extrémité se trouve en ce moment une usine de lavage, car ces usines voyagent à mesure qu'elles ont épuisé un de leurs champs de diamants, pour se porter vers un autre champ, et, à chaque station, elles font une nouvelle accumulation de résidus de lavage, de vrais tas de tailings, comme ceux de Johannesburg.

Je suis revenu en chemin de fer de Kimberley à Johannesburg. C'est un long voyage; l'on part à trois heures du soir pour n'arriver que le surlendemain à neuf heures du matin, mais il y a au moins cette différence avec le voyage du Cap, que l'on a à peu près évité la traversée du Karroo. Avant le Karroo, il y a pourtant un fort joli paysage à traverser lorsqu'on vient du Cap ; c'est celui d'Hex River, une belle vallée verte arrosée d'une large rivière, entre de hautes montagnes vertes, mais malheureusement toujours dépourvues d'arbres. La voie ferrée s'élève le long de ces pentes, traverse plusieurs tunnels, et les profils des montagnes se dressent toujours plus pittoresques avec leurs étages de contreforts.

Le Karroo est une traversée pénible. Il y fait chaud, et la vue de cette terre rouge semée de touffes d'herbe espacées, de ce sol tourmenté, mais ne figurant que de basses et mesquines collines, n'est pas faite pour reposer la vue. Cela n'a pas la grandeur du désert, et ce n'est pas un désert puisque la terre est fertile et que, sans irrigation même, elle entretient des troupeaux de moutons et surtout d'autruches, qui font, depuis des années, la richesse de la colonie du Cap : on rencontre ces animaux tout près du train, qui ne les effarouche plus. Quelques villes animent un peu ces paysages : Naauwport, Beaufort West, avec leurs cottages blancs, leurs jardins et leurs parcs, près des rivières, puis l'infini désert du Karroo recommence pendant des heures.

C'est vraiment un soulagement pour l'œil et un repos pour l'être tout entier que de voir peu à peu venir la prairie verte de l'État d'Orange, et lorsqu'on a enfin franchi le pont en fer de l'Orange River avec ses travées de près de trois cents mètres, on se trouve alors en pleine prairie, baigné dans un vert d'une douceur et d'une richesse infinies qui ne laisse pas surgir une pierre. Toujours les arbres manquent, mais l'air est plus vif, et ces verts tempèrent la chaleur. Le gibier abonde encore, depuis les oiseaux de toute sorte jusqu'aux antilopes. Il y a surtout des oiseaux à longue queue que l'on voit voler à ras des herbes presque à chaque instant.

Quand on a franchi tout l'État d'Orange, après les arrêts de Blomfontein et de Kronstadt, où l'on goûte des repas réconfortants, on traverse le Vaal, et voici la douane de Vereeniging. C'est le Transvaal que nous connaissons bien, toujours la prairie, mais cette fois ondulée avec des collines à l'horizon, et peu à peu les cheminées et les usines en tôle viennent rappeler qu'on arrive dans la capitale de l'or, Johannesburg.

CHAPITRE XIV

DE KAAP ET BARBERTON.

C'est lorsque les champs d'or de Pilgrim's Rest furent fermés aux mineurs que ceux-ci découvrirent les mines d'or de Barberton et de la vallée de de Kaap (le Cap), parmi lesquelles se trouvait la fameuse Sheba. Cette nouvelle région est tout à fait dans le sud de Lydenburg, au delà des montagnes qui forment la rive droite du Crocodile River, par suite, au sud de la voie ferrée de Delagoa-Bay.

L'accès en a été rendu très facile maintenant par cette voie ferrée et par son embranchement qui part de Kaapmuiden et va jusqu'à Barberton. Le dernier tronçon de l'embranchement n'était pas encore tout à fait achevé lorsque je suis allé pour la première fois à Barberton. On se rendait en coach de la station d'Avoca à cette ville.

Il m'a fallu vingt-quatre heures depuis Johannesburg : partir à sept heures du soir pour arriver à la

LA MINE D'OR « LA SHEBA » AU TRANSVAAL

même heure le lendemain. J'avais déjà fait une partie de ce trajet en allant à Lydenburg, jusqu'à la station de Machadodorp, où l'on arrive à six heures du matin ; mais c'est la partie la plus monotone. A partir de là seulement, on commence à descendre des hauts plateaux. Entre les deux stations suivantes, qui s'appellent Waterval-Boven (cascade d'en haut) et Waterval-Under (cascade d'en bas), on fait une descente de deux à trois cents mètres, et dans un paysage bien curieux.

La descente est si rapide qu'il a fallu installer une voie à crémaillère, et une seconde locomotive vient s'ajouter à la queue du train. C'est une gêne considérable pour les transports et que l'on aurait pu éviter en faisant un détour, mais pour les voyageurs cela rend, du moins, le trajet beaucoup plus intéressant.

Après avoir traversé un tunnel déjà en forte pente, long de plusieurs centaines de mètres, et en courbe, l'on débouche brusquement en face d'un vaste cirque de montagnes dans la profondeur duquel se précipite un torrent en une suite de cascades qui lui font un lit blanc d'écume. Les pentes sont couvertes de végétation forestière au voisinage du torrent. Peu à peu, ce sont des arbustes, puis des buissons jusqu'à la hauteur de la voie ferrée ; au-dessus commencent les herbages, et c'est alors une paroi à pic de rochers très hauts, ceux que nous avons dû traverser en souterrain.

Cette haute paroi de rochers, qui enferme tout le

cirque, se termine par un sommet presque uniforme et aplani. Au lever du soleil, elle a une teinte rose; en plein jour, elle est rouge; ce sont les mêmes rochers qu'à Lydenburg, et ils tranchent sur le vert des herbes et des bois qui escaladent les pentes et viennent mourir à leurs pieds. L'aspect en est sauvage, avec quelque chose de fier et de dominateur. On dirait la muraille d'une citadelle immense fermée de toutes parts et infranchissable. C'est comme la porte du Transvaal, et l'on sent les Boers à l'abri derrière cette ceinture de rochers; leurs pâturages sont là-haut sur ces crêtes, où souffle un air plus pur, sur ces plateaux balayés par les vents, tandis qu'en bas c'est la chaleur qui commence. Il y a quelque chose de la Suisse, sauf que les barrières de montagnes qui défendent les pâturages suisses sont beaucoup plus hautes : les montagnes dominent les plaines, tandis qu'ici c'est la plaine qui domine les montagnes.

Jusqu'à Waterval-Under, c'est une suite de cascades; la voie ferrée finit par descendre presque au niveau de la rivière lorsqu'on arrive à la station. Là on a la bonne fortune de trouver, vers sept heures, et grâce à un Français, M. Mathis, des rafraîchissements et un déjeuner servi très convenablement. Les Boers ne sont pas du tout portés vers le confort. Sur toute la longueur des lignes transvaaliennes, on ne trouve pas un endroit où se restaurer, et il faut emporter des provisions, pour aller à Natal, par exemple. La seule exception est celle de Waterval-Under, et elle est d'autant plus agréable.

Le paysage est joli : il y a des bois, de la brise, ce n'est pas encore la chaleur des bas pays ; les chasseurs s'y donnent rendez-vous, car il y a des antilopes, c'est un des endroits les plus sains du Transvaal.

A mesure que nous descendons maintenant le long du Crocodile River, la chaleur augmente, et la végétation devient tropicale. De grands arbres ombragent la rivière, et les pentes sont couvertes de cactus, de plantes grasses, de buissons épineux. C'est surtout sur les bords du Crocodile qu'il est intéressant de voir les lianes entrelaçant les arbres et formant des fourrés impénétrables. La vallée devient bientôt très étroite ; c'est un vrai ravin profondément encaissé. Il s'ouvre de nouveau pour former une petite plaine entre des montagnes, et l'on arrive vers une heure à Kaapmuiden, où se trouve l'embranchement de Barberton, et où M. Mathis tient à notre disposition un nouveau déjeuner non moins confortable que le premier.

Mais qu'il fait déjà chaud à Kaapmuiden, sous l'abri en tôle de la gare, et plus encore au soleil ! On a hâte de retrouver un wagon où la marche du train procure du moins un peu d'air. Et puis la saison est d'une sécheresse telle qu'on n'en a pas vu une pareille depuis bien des années. L'herbe est brûlée de soleil, et il y a des sauterelles par nuées. Ce sont peut-être celles du Mashonaland qui, après avoir dévasté ce pays, sont venues au Transvaal ; mais non ! il y en a sans doute au Transvaal tout autant qu'au Charterland, et c'est une véritable plaie. Leur passage devant le soleil donne l'illusion de nuages, mais quand on y regarde, on voit scintiller ces milliers d'ailes à travers les rayons brûlants du soleil. Le train en fait voler sous sa marche comme une poussière verte et jaune auparavant invisible, et c'est ainsi jusqu'à la station d'Avoca.

Là nous montons dans un coach ; nous en avons pour près de quatre heures. Depuis lors, j'ai fait ce trajet en une heure et demie en chemin de fer, et j'ai trouvé une forte différence, malgré le pittoresque des diligences. La route était une série de montées et de descentes, et de passages à gué de la rivière, Queen's River, qui est assez large, et qui dessine des méandres sans fin après être sortie des gorges. Au-dessus de nous se dressent les ponts en fer de la voie ferrée, de vrais ouvrages d'art, puis ce sont des usines à or, des batteries de dix pilons, Joe's Luck, Caledonian, Consort, des maisons de mine, Woodstock. Les batteries sont ici, au bord de la rivière, et les mines sont là-haut, au sommet des montagnes.

Après les gorges, la vallée s'ouvre et forme comme un cirque immense ; les dernières montagnes sont à l'horizon tout à fait. Plusieurs rivières viennent arroser cette vaste plaine, qui est proprement la vallée de *de Kaap* et paraît être très fertile. Les montagnes de la Sheba s'écartent de leur direction et font un grand contour pour aller rejoindre celles de Moodie's qui étalent là-bas bien loin, en face de nous, leur verdure ondulée. A leurs pieds nous distinguons bientôt la petite ville et les forêts d'eucalyptus de Barberton. Ce n'est plus la nature seule qui a fait pousser là cette végétation; on reconnaît le travail de l'homme. Quand nous y arrivions en coach, il faisait nuit noire. En chemin de fer on arrive vers quatre heures, et l'on a tout le loisir de chercher l'hôtel confortable et de se présenter au Barberton-Club.

Mais il fait chaud en été à Barberton. La première nuit que j'y ai passée en février 1896, j'ai réellement souffert de la chaleur. En hiver, au contraire, en juin et juillet, la température est charmante, il fait de l'air, les soirées sont fraîches sans être froides, et ce pays, avec ses profils de montagnes, a un aspect bien plus séduisant que les immenses plaines de Johannesburg.

Il y avait plus de maisons en tôle que de maisons en briques avant l'arrivée du chemin de fer. Depuis lors, on a bâti quelques jolies villas. L'hôpital est très bien entretenu. Et surtout il y a ce qui manque à Johannesburg, de charmantes promenades de chaque côté de la ville. Du côté de la Sheba, au nord-est, la route à flanc de coteau, ombragée d'eucalyptus, domine l'immense cirque de de Kaap. Du côté de l'ouest, de Moodie's, c'est plus joli encore. On longe en plaine des montagnes découpant leurs profils très doux sur l'admirable ciel d'Afrique, et ces pentes vertes, à la lumière du matin ou du soir, prennent des teintes extrêmement tendres qui rappellent étrangement celles des vallées de la Suisse.

Tout à fait au nord, lorsqu'on a traversé la plaine de de Kaap et ses nombreuses rivières, on se trouve encore dans un autre dédale de montagnes, le Kantoor, où les mineurs de Lydenburg trouvèrent de nouveaux champs d'alluvions : il y a actuellement deux mines d'or : Barretts et Cœtzestroem, un nom qui me rappelait la Bretagne. Le Kantoor est la plus haute des montagnes de cette région. Vers elle viennent converger, comme des contreforts, des séries d'alignements montagneux dont l'autre extrémité vient mourir dans la plaine. Ce sont de curieux paysages à parcourir. Il y a de petites agglomérations de maisons en tôle à Jamestown, Albion, etc. Ailleurs, North Sheba, ce sont de vraies huttes de nègres où habitent les mineurs, des huttes rondes en bois presque à jour, où ils étendent par terre un lit de couvertures. Mais on dort facilement à la belle étoile sous le beau ciel d'Afrique.

Il y a cependant des serpents : à une mine de quartz où j'ai fait travailler quelque temps, un nègre voulant retirer du miel d'un arbre creux, en y plongeant son bras, fut mordu par un cobra. Il était mort une heure plus tard lorsque ses camarades s'inquiétèrent de lui et allèrent le chercher. Le cobra, le mamba, le puffader sont les trois variétés les plus dangereuses : le mamba seul est d'assez grande taille ; il atteint près de deux mètres.

C'est dans les montagnes de Moodie's que j'ai passé les plus agréables journées de mes séjours dans ce district de Barberton. L'on est obligé de faire toutes les courses à cheval : dans ces montagnes, les chemins sont impraticables aux voitures, et c'est un plaisir bien plus grand de se trouver seul à seul avec la nature ; qu'elle soit triste ou gaie, elle est toujours belle. Et il y a de si jolis recoins perdus dans ces gorges où se précipitent les torrents qui sont nés près des sommets de Moodie's! Il faut d'abord faire une bonne chevauchée le long des pentes avant de s'y engager, et, quand on veut y pénétrer, il y a plusieurs chemins, ou plutôt des sentiers plus ou moins larges, parfois imperceptibles. Un seul chemin véritable conduit à la mine de Pioneer, et ce chemin-là aussi est fort joli.

Plus on monte, plus le pays prend de la ressemblance avec la Suisse par ses ravins et ses montagnes, ses torrents qu'on franchit sous les arbres. Et lorsqu'on arrive à l'auberge du Pioneer, quel repos délicieux l'on goûte sous sa véranda où souffle la brise en face de ce pays vert auquel le soleil d'Afrique donne une splendeur de plus en le recouvrant de sa lumière dorée. C'est comme une poussière transparente infiniment ténue qui semble ressentir toutes les vibrations lumineuses.

Les autres sentiers qui conduisent à Moodie's sont plus sauvages et me plaisent davantage encore. La nature y possède ce charme des choses qui déplaisent au premier abord, mais quand on l'a rendue familière, qu'on a pris l'habitude de son soleil, on subit pleinement la joie de communiquer avec elle, d'en faire partie, de se sentir aussi un fils de cette terre. Alors, peu à peu elle vous rend le sacrifice que vous avez fait pour elle, et vous découvre des beautés dont vous jouissez davantage. A mesure qu'on gravit ces coteaux abrupts, la vue s'étend magnifique de plus en plus loin, la brise vient vous rafraîchir, des sources naissent sous vos pas, les ravins s'ouvrent en plein ciel, on marche sans peine sous le ciel d'Afrique devenu clément, et c'est ainsi durant des heures.

Mais il y a là surtout, près des sommets, sur une pente verdoyante, au bord d'un petit vallon ombragé de grands arbres, une petite maison solitaire avec un jardin et des plantes grimpantes, et celle-là je n'y penserai jamais sans regret et sans tristesse. La vie y semblait si heureuse, et le malheur est venu y frapper si cruellement!

Ce fut une véritable découverte que celle que je fis,

à Moodie's, d'une famille originaire comme moi de la Savoie, de ce beau Chablais qui s'étend sur les rives du Léman, le plus beau des lacs, et je passai là plusieurs jours. On comprend si le Chablais fut évoqué en face de cette immensité de la vallée de de Kaap, tout en bas sous nos pieds, qui nous donnait les illusions d'une mer. Il y avait quatre jolis enfants de trois à onze ans; l'aîné était un garçon, il parlait anglais, mais s'était mis à étudier le français, qu'il prononçait avec une grâce charmante. Deux petites filles venaient ensuite, l'une plus grave et sérieuse, l'autre déjà gracieuse, et toujours aux bras l'une de l'autre. Le dernier était un joli bébé qui commençait à parler.

Nous eûmes un jour un orage : ils sont fréquents en été à Moodie's, et la pluie y verse ses torrents avant qu'on ait le temps de la voir venir : les tonnerres y font retentir les échos des gorges, et les arbres mouillés ont des aspects qu'on avait oubliés dans la sécheresse de Johannesburg. Dans ce milieu paisible, on jouissait vraiment du charme de la vie patriarcale. Je me rappelle, lorsque je partis, les attentions de ce petit Henry, l'aîné des enfants, qui me conduisit chercher mon cheval à un quart d'heure de là dans la montagne et dans les arbres, où l'on avait installé une étable de bestiaux.

A deux reprises, je vins ainsi passer quelques jours à Moodie's, et c'était un charme de penser, lorsque je devais aller à Barberton, que j'y retrouverais ce milieu, que je reverrais autour de moi ces jolis enfants et leur mère, et que nous reparlerions du Chablais en face de ce beau paysage. Hélas! je ne devais jamais les revoir une troisième fois. Ils s'embarquèrent pour la France, sauf le père, qui devait les rejoindre plus tard, et ils avaient pris ce funeste bateau qui s'appelait le *Drummond Castle*. Si du moins ce pauvre père avait gardé avec lui son fils aîné! On ne devrait jamais confier ainsi à la fois tout ce qu'on a de plus cher à la fortune d'un paquebot.

Quelle affreuse catastrophe, et quelle pénible surprise j'ai eue à Jobannesburg, en lisant parmi les victimes les noms de Mme H... et de ses quatre enfants! Et que je plains ce pauvre père, à qui il ne reste plus personne au moment où la vie commence à s'avancer. Le *Drummond Castle* portait plusieurs familles comme celle-là. On envoie les enfants en Angleterre pour leur éducation; on ferait mieux de les faire élever en Afrique, les parents ne s'en sépareraient pas à de telles distances. Mais pas plus que nous, au fond, les Anglais n'abandonnent l'idée de la patrie, et l'on ne saurait le leur reprocher.

Ce pauvre Modie's, ce joli site, cette jolie petite maison au sommet des montagnes avec ces bouquets d'arbres près du torrent! Quand on a passé là deux ans, qu'on doit avoir de la peine à le quitter pour toujours! Je garderai, moi aussi, qui n'y ai passé que quelques jours, un doux et profond souvenir de cette famille et de l'accueil que j'y ai reçu. Cela ne peut s'oublier, un intérieur si vivant et si subitement anéanti pour toujours.

Barberton avait si peu d'attraits pour moi que, lorsque j'ai voulu visiter les mines de la Sheba, j'ai préféré louer un cheval et passer huit jours au sommet des montagnes. J'étais logé chez un Écossais, et je jouissais vraiment là, comme à Moodie's, de ces aurores et de ces soirées magnifiques sous le ciel d'Afrique; à ces hauteurs on est comme au-dessus du monde, que l'on ne distingue que vaguement dans les profondeurs. Et puis ce chemin qui mène de Barberton à la Sheba est très pittoresque, mais bien long à faire matin et soir : il y a trois heures à cheval en allant vite. On gravit la montagne dans des gorges où croissent des bouquets d'arbres, des euphorbes et des cactus, jusqu'à une certaine hauteur, puis on émerge de ces fonds obscurs pour s'élever bientôt en pleine lumière en contournant des coteaux arrondis, couverts d'herbe, en forte pente. Alors c'est un délice de sentir la brise qui souffle constamment, de voir de plus en plus loin les alignements de montagnes, dans tous les sens, former un véritable chaos, et, d'un autre côté, la vallée de de Kaap s'enfoncer dans la lumière dorée, et ses rivières serpenter comme des bandes d'argent. On ne sent plus la chaleur, et l'on sent seulement venir l'appétit lorsqu'on arrive devant un bois d'eucalyptus et une auberge qui s'appelle Fairview (belle vue), et où l'on trouve une hospitalité, sinon confortable, du moins suffisante.

Bientôt on distingue les ouvrages de la civilisation, et des mines d'or. Ce sont des câbles aériens, supportés par de hauts échafaudages en fer, escaladant les pentes et alignant leurs formes grêles, tandis que sur le vide se balancent quelques bennes encore pleines de minerai. Il y a longtemps que ces engins sont abandonnés, après avoir coûté des sommes fantastiques.

Ces câbles à eux seuls vous indiquent où doit se trouver la fameuse Sheba, la reine des mines d'or. Il y a deux câbles, en effet, qui vont s'y croiser, tous deux abandonnés.

On redescend un ravin pendant quelques instants, et brusquement on voit à ses pieds une accumulation de maisons en tôle de toute sorte, des chevalements de puits, des cheminées d'usines, des carrières à ciel ouvert, des tramways; le bruit d'une batterie de pilons vient frapper votre oreille, des êtres par centaines se meuvent en tous sens dans le ravin. C'est la vie intense de la mine d'or véritablement riche, mais dans un paysage qui n'est plus si riant que celui que nous contemplions tout à l'heure. La roche affleure en maints endroits; il n'y a pas un arbre, et de rares buissons dans le creux où passe le torrent. Mais on réfléchit qu'en quelques années plus de trente millions d'or sont sortis de cette roche, à cette place où il y a maintenant un trou béant, dans ces souterrains où il y a des vides immenses de trente mille mètres cubes, éclairés à la lumière électrique, et cela donne un autre sens à ce paysage. Il a d'ailleurs une sauvage grandeur qui plaît bien davantage que la plaine de Johannesburg, et puis il n'y a qu'à faire quelques pas sur les sommets pour jouir d'une vue incomparable dans un climat magnifique.

J'en ai profité, de ces huit jours, pour voir toute une série d'autres mines qui sont comme les rayons de l'étoile de la Sheba. Chaque soir et chaque matin, je venais m'asseoir sur le versant d'une de ces croupes de montagnes, et je regardais leurs ombres immenses s'enfoncer dans la plaine; chaque fois l'on découvre une nouvelle beauté à ces horizons rouges, roses et bleus, à ces teintes adoucies que prennent, le matin, les contours des montagnes et les pentes vertes couvertes de rosée. Et là-bas, à l'horizon, c'était Moodie's, où, au grand soleil de midi, je pouvais encore distinguer la petite maison blanche, un tout petit point blanc, mais qui avait vu tant de sourires enfantins, et qui n'était plus maintenant qu'un foyer déserté.

Le moment de mon départ du Transvaal approchait aussi. A l'origine, mon intention était de repartir pour le Charterland, une fois la saison des pluies écoulée;

mais voilà qu'il n'y faut plus songer maintenant : les noirs se sont révoltés à Buluwayo, à Salisbury et dans tout le pays, ils ont massacré des blancs par centaines, ceux qui vivaient isolés et confiants dans les districts éloignés, et parmi eux plusieurs que j'ai connus. Notre guide dans nos courses en char à bœufs, un brave garçon du Cap, dévoué et adroit, avait fait le coup de feu contre les Mashonas, et je devais le retrouver à mon départ avec un bras amputé, et l'autre dont il pouvait à peine se servir. Il est difficile de savoir quand cette guerre finira. Les Anglais ont, eux aussi, leurs tribulations en Afrique, mais nous en souffrons également, puisqu'il faut renoncer pour cette année à retourner aux mines d'or du Charterland.

A Johannesburg, où je retournai depuis Barberton, je passai encore quelque temps de juillet à août. Croirait-on qu'il y fait quatre et cinq degrés au-dessous de zéro la nuit, et même le soir dès le coucher du soleil, entre cinq et six heures? Il y a de la glace en Afrique. Mais on se sent revivre par un temps pareil. On fait des promenades de plusieurs heures à pied, par une forte bise qui vous glacerait sans la marche, et ces promenades sont impossibles durant tout le reste de l'année. C'est vraiment un bon climat que Johannesburg, et lorsque je me décidai à le quitter, ce ne fut pas sans espoir de retour.

CHAPITRE XV

LA CÔTE EST D'AFRIQUE.

C'est dans le but de retrouver, en passant à Beïra, les bagages que j'avais laissés quatorze mois auparavant à Umtali, et qui n'avaient pu me suivre plus loin dans le Charterland, que je revins en France par la côte est de l'Afrique.

J'allai m'embarquer à Durban, désirant passer une huitaine de jours dans cette ville qu'on appelle déjà le Brighton de Johannesburg. Bien que la distance soit plus grande, le trajet est plus rapide que pour aller à Lorenço-Marquez : il faut vingt-quatre heures au lieu de vingt-sept à vingt-huit. Je quittai Johannesburg à sept heures et demie du soir. Vers dix heures, je dis un adieu à la petite ville de Heidelberg, dont les lumières brillaient à distance dans la nuit noire, puis je m'endormis jusqu'au matin.

Bientôt nous entrons dans la colonie de Natal, et le changement se manifeste surtout par la présence d'un restaurant. Jusque-là, les Boers n'avaient pas daigné s'occuper de ce détail; bien qu'il soit déjà tard, il a été impossible de rien obtenir nulle part.

Quant au paysage, il est toujours aussi uniforme jusqu'à la descente des hauts plateaux. Là, il devient plus pittoresque et rappelle celui qui lui correspond sur la ligne de Lorenço-Marquez. Ce sont des ravins profonds encaissés dans des montagnes aux sommets rocheux et aplanis : c'est un caractère commun à tous les paysages de l'Afrique du Sud, ces sommets aplanis des montagnes.

Ce n'est guère qu'à partir de trois ou quatre heures de la côte que l'activité de la colonisation se manifeste par des plantations d'arbres, des jardins, des prairies irriguées, des fermes et des chalets. Pietermaritzburg est dans ce joli cadre vert, d'un vert plus opulent que celui de l'intérieur de l'Afrique; on y reconnaît la culture.

Plus près encore de la côte, ce sont des plantations de canne à sucre, de bananiers, et toutes sortes de cultures : les grands arbres indigènes attestent la puissance du sol et manifestent de plus en plus le climat semi-tropical. La nuit tombe, et les ombres des arbres viennent accroître l'obscurité. Mais peu à peu on sent venir des émanations salines, la mer se fait connaître de loin. Du haut d'une pente, on distingue les lumières de Durban, encore à près d'une heure de distance, et la lumière électrique du phare au sommet du « bluff ».

Peu à peu ce sont des fanaux électriques près de la voie, la senteur de la mer s'accentue, on en croit déjà sentir la houle, la brise est forte, l'atmosphère est humide, bien que le ciel soit embrasé d'étoiles; nos pores, trop longtemps habitués à la sécheresse des hauts plateaux, s'ouvrent avec délices à cette humidité bienfaisante. On est en août, et les soirées sont bonnes. Enfin voici une grande gare éclairée à l'électricité; nous sommes à Durban.

Nous allons au Beach Hôtel, l'hôtel de la Plage; il y a une certaine distance depuis la gare. Des nègres nous transportent en *jinritcha*, une sorte de chaise à deux places et à deux roues, et nous roulons sur une belle route, dans la nuit éclairée par des fanaux électriques. Devant nous s'agitent les jambes du nègre, qui file presque aussi vite qu'un cheval. C'est fort curieux, ces hommes-chevaux, qui font eux-mêmes leur boniment et piaffent pour se donner des airs de coursiers fringants.

Au Beach Hôtel, situé sur la plage même de Durban, c'est enfin le véritable bruit de la mer qui nous berce; elle est là sous nos fenêtres, et l'on s'endort, paisiblement bercé par ce bruit continu, monotone et pourtant varié, qui a toute la puissance contenue des choses infinies. Le matin, ma première pensée est pour la mer; à l'aurore je me lève, je veux voir le soleil se lever sur cette immensité, et je vais me rouler dans les vagues et l'écume avec les délices de ceux qui sont avides de se mêler ainsi avec la nature et qui en ont été longtemps privés.

Il n'y a personne encore ; la plage s'étend en arc de cercle immense, à perte de vue ; le sable est d'une extrême finesse, il recouvre peu à peu les arbres et les hauts buissons qui viennent mourir sur ses bords, tandis que de l'autre côté, ce sont des vagues qui viennent doucement le refouler lui-même, tout en soulevant chaque fois de longues traînées d'écume. Elles ont l'air de peu de chose, ces vagues, mais lorsqu'on va les recevoir, elles vous recouvrent facilement tout entier, et leur force vous repousse irrésistiblement vers le rivage. Nulle cabine de bain : la plage est telle que lorsqu'elle appartenait aux nègres ; seulement, comme je le vis ensuite, les hommes ont fait choix d'un endroit plus éloigné, par courtoisie pour les dames : et il y a tant de place sur cette plage infinie qu'on ne songe pas à se la disputer.

Pendant huit jours, je connus ainsi les délices des bains de mer dans ce séjour admirable de Durban. Pendant la journée nous faisions des courses à cheval dans les bois environnants, ou bien à Béréa, cette côte forestière parsemée de villas qui paraît un fantastique et immense parc naturel, et que je crois bien unique au monde. Le soir, c'était toujours le même charme de retrouver le bruit des vagues et de passer la soirée, sous la véranda obscure, à regarder, sur les eaux noires, les lumières des vapeurs et des voiliers ancrés au large. Car la passe de Durban est trop petite, et, malgré les améliorations qu'on a faites à l'entrée du port, les gros navires ne peuvent traverser la barre. Les requins viennent quelquefois s'aventurer jusque-là, et il ne fait pas bon de vouloir s'y risquer à la nage.

Un soir, vers quatre heures, pendant que nous étions plusieurs à prendre un bain de mer, voilà un nuage qui crève tout à coup sur nos têtes, et une pluie torrentielle qui vient rejoindre l'eau de la mer. Nous nous précipitons vers nos vêtements et nous voilà courant à toutes jambes vers l'hôtel dans des costumes de sauvages, tout en cherchant à nous habiller. Il y avait vingt bonnes minutes à faire ainsi sur ce sable, si fin qu'on y enfonce à chaque pas. Nous arrivâmes heureusement, et grâce à ces retards, à ne pas causer trop de scandale, mais non sans avoir perdu quelque pièce de vêtement plus ou moins importante. Le lendemain la mer avait tout emporté. Ce sont là les surprises des bains de mer, qui sont loin d'être désagréables dans un climat aussi doux que celui de Durban, où l'on est dans l'eau comme dans son élément naturel.

Cependant, au matin du 12 août, le bateau allemand, le *Kanzler*, par lequel je devais retourner en France, venait jeter l'ancre au large, en face du Beach

Hôtel, et, dans l'après-midi, un remorqueur venait le conduire dans l'intérieur du port de Durban. C'était pourtant un vapeur de 3,600 tonnes, le plus beau de la compagnie cette année encore, car deux autres plus grands, de cinq mille trois cents tonneaux, le *Herzog* et le *König,* sont déjà prêts à commencer leur service. Il n'est rien de si facile que de se transporter, avec ses bagages, à bord d'un bateau amarré à quai, et je n'avais pas beaucoup de bagages, puisque la plus grande partie devait être en ce moment sur la route d'Umtali à Beïra. L'installation dans ma cabine fut donc bientôt faite; je vins m'y endormir le soir même, et lorsque je fus réveillé le lendemain à l'aurore, par des bruits prolongés, nous franchissions la barre et bientôt nous étions en pleine mer, laissant derrière nous Durban encore endormi sur sa plage silencieuse et déserte.

Le jour suivant, nous étions à Delagoa-Bay, ravis de parler français à ces Portugais de Lorenço-Marquez, dont il semblerait que c'est la langue maternelle, tant ils la parlent bien. Je revis la place des Kiosques, qui a un si fort cachet de ville coloniale française, la pointe Vermeille et ses villas ombragées de palmiers. Le mouvement de ce port s'accentue chaque jour, les terrains et les maisons y augmentent de valeur, et c'est justice, car c'est ici le plus beau, le seul vrai port de l'Afrique australe. L'on entreprend l'assainissement des marais, mais je ne vois pas encore de *wharf* où les bateaux puissent accoster; il faudrait ici une administration bien autrement active que celle des Portugais.

Nous passons là deux jours, et après deux autres jours encore, nous voici à Beïra. Là, comme l'année dernière, c'est le drapeau français qui flotte au plus haut des mâts sur cette côte basse et boisée. Nous débarquons pour deux jours; il y a eu des changements depuis l'année dernière : voici le wharf en fer sur pieux à vis construit par la Chartered Company pour un tirant d'eau de douze mètres. Au delà, la voie ferrée s'étend à perte de vue dans la plaine; elle est achevée jusqu'à Fontesvilla, sauf le pont de la Pungwe, mais cet ouvrage sera construit incessamment, et l'on ira directement en chemin de fer de Beïra à Massi-Ressi, dans les premiers mois de 1897.

En ce moment, tous les moyens de transport sont accaparés par les troupes et les approvisionnements de la Chartered Company. Il y a la guerre contre les noirs au Mashonaland, il y a eu la rinderpest qui a détruit les bœufs. Bref, c'est un miracle que l'on puisse encore transporter des bagages.

Le 18 août, nous étions à Mozambique. Voilà une ville telle que je ne me l'étais jamais imaginée; c'est une île étroite, formée uniquement par des coraux et sur laquelle on a bâti une ville. Il y a de grands vides sous cette île, et lorsqu'on fonce un puits, on a des chances de rencontrer l'eau de mer. La côte est à plusieurs kilomètres de distance, et il n'existe aucune communication avec elle autrement que par bateaux. Il eût pourtant été facile de jeter un pont sur les bancs de coraux qui affleurent jusqu'au rivage. Mais les Portugais avaient une telle défiance des noirs de la côte qu'ils préféraient se tenir bien isolés dans leur île.

Ils y ont bâti une énorme forteresse en pierres de taille venues des Indes à grands frais, et ces lourds bastions rappellent tout à fait nos châteaux du moyen âge. Seulement, ici, ils font un contraste curieux avec le climat tropical et le ciel toujours bleu. Dans la forteresse il y a une chapelle et des prisons où l'on jouit d'une fraîcheur délicieuse, presque trop grande. Autrefois, elle était à quelque distance de la mer; aujourd'hui ses murailles y plongent directement, et même en maint endroit les coraux s'enfoncent en retrait par dessous.

Voici le beau jardin de Mozambique, de belles avenues, de grands arbres; les quais et les rues sont d'une merveilleuse propreté. Des bancs d'un vert éclatant attendent les promeneurs qui n'existent plus. Les maisons sont d'une blancheur éblouissante, avec des toits en terrasses pour drainer les eaux des pluies dans des citernes; mais la plupart paraissent inhabitées; à travers les fenêtres et les portes grandes ouvertes, on voit de vieux meubles qui s'abîment dans des chambres où la chaux se désagrège. Personne dans les rues, sauf de-ci de-là des nègres qui battent le sol en cadence pour l'affermir contre les pluies, et des zébus, ces bœufs à haute bosse, qui transportent de la terre et des pierres dans des charrettes. On dirait une ville en train de mourir et que la solitude envahit peu à peu.

Il y a plusieurs Français à Mozambique : d'abord les employés du câble de Madagascar, qui habitent une grande maison aux vastes pièces désertes devant un jardin que personne ne cultive, puis des commerçants qui font le trafic des arachides, le seul de ce pays.

J'ai eu la curiosité de goûter des mets indéfinissables du pays. Dans de vastes salles blanchies à la chaux, des gamins noirs agitent de grands éventails. Le soir, il y a tellement de mouches qu'il faut emporter les lampes dans une autre pièce et manger dans l'obscurité. Sur les quais et dans les rues, la nuit, des gamins accourent chasser ces importunes mouches pour obtenir quelques sous. La mendicité est affreuse ; seuls les Indiens font encore ici quelques affaires.

Nous passons deux jours entiers à Mozambique ; c'est plus qu'il n'en faut pour en faire la connaissance complète. Cette ville a eu sa splendeur, et il y en a encore quelques restes ; malheureusement, on a démoli plusieurs anciens édifices, comme la cathédrale, qui existait encore l'an dernier, mais qui gênait un passage. Plusieurs maisons ont des restes d'architecture intéressants : la principale est celle qui sert de siège au gouvernement de Mozambique.

C'est un ancien couvent de Jésuites, avec une chapelle, précédé d'un jardin, sur les quais et en face de la mer. Le bâtiment est très grand ; la façade, régulièrement percée de petites fenêtres, a peu d'intérêt, mais il y a une cour intérieure au delà d'un vestibule de colonnes qui a encore une certaine grandeur. De chaque côté d'un perron en marbre, deux hautes figures en bronze, je crois, représentent des pages en costumes portugais du moyen âge. Le reste de l'architecture est aussi de style moyen âge et vient évoquer la splendeur de la marine portugaise, après les Vasco de Gama et les audacieux aventuriers qui ont découvert cette côte de l'Afrique.

Mais comme tout cela est loin maintenant ! Ces restes sont en train de mourir. L'Anglais, qui est le voisin, pourrait seul maintenant ressusciter cette côte, rouvrir le commerce avec l'intérieur ; il le convoite, et il réussira avec ses millions. Les Portugais ont tout abdiqué ici ; ils songent même à quitter définitivement Mozambique pour installer leur gouverneur à Lorenço-Marquez, et là encore ils ne tarderont pas sans doute à baisser leur pavillon devant l'Union Jack.

Un dernier regard sur Mozambique avant de partir.

La rade est pleine de ces bateaux indiens qu'on appelle des *sampans* ou des banyans, et que nous trouvons partout sur la côte est de l'Afrique. Ils jaugent souvent moins de cent tonnes, et viennent pourtant des Indes à travers l'océan Indien, profitant de la belle saison. Ce sont des voiliers en bois. Leur poupe domine de beaucoup la proue, et ce haut gaillard d'arrière est couvert de fines sculptures sur le bois poli, dans le genre des galères et des caravelles du moyen âge et de Christophe Colomb. L'avant s'abaisse comme pour mieux fendre les vagues, et j'imagine qu'il faut rester à l'arrière pour ne pas être inondé. Le mât unique est fortement penché vers l'avant; il est peu élevé et porte une grande voile carrée : tout est à l'inverse de nos voiliers, et il paraît cependant que ces banyans peuvent prendre une très grande vitesse. Mais ils courent souvent risque de naufrage, et on me dit que les marins et les commerçants indiens font leur testament avant de s'y embarquer.

Nous devions avoir encore une autre surprise à Dar-Es-Salam, le principal port de la colonie de l'Est africain allemand. Mais cette fois c'est une agréable surprise. Le port est une baie profonde tout encadrée de forêts vertes, de grands palmiers et d'arbres très touffus qui se touchent les uns les autres et viennent plonger dans la mer. C'est un lac entouré de bois, une perle bleue enchâssée dans du vert. Tout sourit à l'œil; il est impossible de contempler une nature plus riante. Et pour être en harmonie avec elle, on a construit sur les bords de cette baie, où la mer vient mouiller les herbes et les bois, une série de jolis chalets à colonnes et à tourelles avec de larges vérandas, des kiosques, des restaurants, des jardins exubérants où tout réussit à merveille. Tout invite à venir se reposer dans cette splendeur tropicale ; l'on passe des soirées délicieuses sous ces arbres caressés par la brise, devant ce lac où viennent mourir les dernières vagues de la mer.

Tout près, il y a des plantations de café, d'aloès : on y arrive par une passerelle en bois jetée sur une rivière limpide. Des huttes rondes et pointues abritent la population nègre ; si l'on n'envie pas les huttes, on envie les ombrages qui les couvrent et y font l'obscurité en plein midi.

Non loin s'élèvent des montagnes bleues ; sur leurs premiers contreforts, on distingue la végétation toujours splendide, et qui paraît se prolonger bien au delà.

Les grands palmiers nous font de loin, avec leur bouquet de grandes feuilles, l'effet d'énormes insectes verts posés sur des perches de dix et quinze mètres de hauteur. A côté d'eux, les baobabs contrastent par leur lourdeur. Des oiseaux-mouches, petits comme des mouches, animent ces ombrages ; des chants d'oiseaux s'y répondent, des perroquets et des cacatoès y font ressortir leurs vives couleurs. C'est, le soir, un vrai jardin de verdure et de fraîcheur. Il paraît, cependant, comme nous le montre un cimetière magnifique de végétation riante, que la malaria sévit ici, et que le climat n'est pas aussi favorable que semble l'indiquer cette nature.

Le 25 août, nous étions à Zanzibar. La grande île s'étend à notre droite ; à gauche, c'est le continent et Bagamoyo. Zanzibar est encore une île de palmiers d'une végétation luxuriante. Les rues y sont étroites et sales ; mais ces hautes maisons font du moins de l'ombre dans cet air à lui seul chargé de chaleur. L'on est immédiatement saisi de moiteur, car cet air est humide. Il y a surtout des Indiens qui font tous les commerces, dont le plus lucratif est celui des roupies. Nous passerons là trois jours, et nous y verrons des choses que nous n'aurions pas imaginées.

Après avoir couru tout un jour les boutiques d'étoffes luxueuses indiennes, de coffrets en bois de santal, de cornes d'ivoire, et de toutes sortes d'antilopes, d'armes et de plumes d'autruche, nous pensions n'avoir plus rien à faire à Zanzibar, quand la nouvelle se répand de la mort du sultan.

Devant nous, sur la berge, s'élève son palais et son harem, et entre les deux la tour qui porte au sommet son pavillon rouge. Le palais a trente mètres de haut en trois étages, sans autre décoration que des colonnes entourant les vérandas à chaque étage. Le toit se détache là-dessus comme porté par d'autres colonnes. Le harem est plus ornementé, mais beaucoup moins haut; la tour est élégante, mais le palais la domine de son écrasante énormité. Devant elle on a construit un navire en pierre qui sert de lavoir public.

Les pavillons se mettent en berne, il s'agit de proclamer le nouveau sultan : deux sont en présence, l'un que soutiennent les Anglais, l'autre que demande la population. Ce dernier a eu l'habileté d'envahir le premier le palais, avec des partisans, et d'en fermer les portes. Aussitôt l'étendard rouge est hissé de nouveau et flotte orgueilleusement sur le palais et sur la tour. Le sultan est mort, vive le sultan!

Que va-t-il faire ? Les Anglais lui ordonnent de se retirer, il refuse. Mais on a câblé à divers croiseurs et corvettes, et voici que le port se remplit de bateaux de guerre. Il y a trois corvettes anglaises : le *Thrush*, le *Sparrow* et le *Racoon*, et deux croiseurs-torpilleurs, *Saint-Georges* et *Philomène;* une corvette allemande, le *Seeadler*, une italienne, le *Volturno*, un voilier portugais en bois portant des canons, la *Quenza;* enfin il y a le yacht du sultan, qui porte plusieurs pièces de canon.

Les troupes anglaises débarquent. Le sultan est sommé d'évacuer le palais, sinon, demain matin, il sera bombardé. Notre *Kanzler* se retire du milieu de la baie pour aller se ranger de façon à être hors du cadre d'action des bateaux de guerre. Ceux-ci, les cinq anglais, sont en ordre de bataille, dos à dos, parallèles au palais, sur lequel toutes les pièces sont pointées. Nous nous promettons une jolie journée, car le sultan ne cédera pas. Toute la nuit, ce sont des signaux électriques entre le *Saint-Georges* et le consulat d'Angleterre.

Quelle déception au lendemain matin quand nous levons l'ancre à huit heures ! Une heure plus tard, nous jouissions d'un spectacle unique. Mais il paraît qu'on a songé à nous confier le sultan usurpateur pour le transporter sur la côte allemande, et nous partons pour éviter cette mission, qui pourrait être peu diplomatique. Jusqu'au dernier moment, je reste sur l'arrière, et vers neuf heures je distingue vaguement des fumées blanches, mais il n'y a aucun bruit qui me parvienne.

On sait ce qui se passa. Le palais, la tour et le harem furent effectivement bombardés, et aujourd'hui il ne reste rien de ce vaste édifice que nous avons été les derniers à contempler. Le reste de la ville ne subit aucun dommage, la population était résignée : tout au plus consentit-on, la veille du bombardement, à nous faire quelques réductions sur divers achats que les banyans (Indiens) n'avaient pas grande hâte à abandonner.

Tanga, un autre port allemand où nous débarquons

le soir même, est un cadre aussi vert que Dar-Es-Salaam. C'est la même nature luxuriante, plus sauvage, car il y a moins d'habitations modernes. De plus hautes montagnes s'élèvent à l'horizon : elles ont des formes régulières et arrondies, et paraissent dépasser deux mille mètres. Ce sont les premiers contreforts de cette chaîne qui aboutit aux pics de Kiliman-Djaro et de Kénia, hauts de six mille mètres et situés à cent kilomètres à peine de la côte. Je vois un commencement de vallée qui doit conduire à d'autres paysages autrement grandioses. Vraiment cette colonie est un beau pays, et le climat doit être sain là-bas dans ces hautes montagnes.

Enfin, c'est Guardafui, ce cap énorme qui dresse sa silhouette au loin à l'horizon, en face de nous. Les rochers arides ont remplacé la splendeur des tropiques. Voici Aden, qui me laisse un souvenir aride. Les citernes sont sans eau, la chaleur est torride, on dirait une nature maudite. De partout accourent des canots de gamins somalis qui viennent plonger pour attraper nos pièces de monnaie. Ils jettent seuls une jolie note dans ce triste paysage ; ils sont si vifs et si alertes, ils sont si contents de rire de leurs dents blanches, leurs figures sont si jolies sous leurs cheveux souples et ondulés! Ils ont de la gaieté plein la figure, et cela nous met en joie aussi. Au moins j'emporte ce joli souvenir d'Aden.

Depuis Zanzibar, il m'est impossible de dormir dans ma cabine. Pendant toute la traversée de la mer Rouge, je vais continuer à dormir en plein air sur une chaise. On cherche à retenir de la brise tout ce que l'on peut.

Tout le long de la mer Rouge, c'est la suite des rochers d'Aden : il en est qui surgissent à peine de la mer, ce sont de vrais écueils; il faut une attention continue dans ces parages. Le Sinaï est là-bas parmi ces rochers rouges brûlés de soleil.

Suez nous apporte la première note d'Europe, on nous remet des lettres et des journaux, mais on ne peut descendre à terre : nous sommes en quarantaine. A la nuit, nous pénétrons dans le canal.

Le canal ne me fait pas l'impression que j'en attendais. C'est pourtant merveilleux, cette course dans un hôtel flottant à travers le désert de sable. De nuit, c'est plus saisissant encore de voir ces hauts réflecteurs électriques à la proue des navires, qui se suivent d'une vitesse presque nulle, glissant sans aucun bruit, et l'un après l'autre se mettant dans les garages pour laisser passer ceux qui vont en sens inverse.

Ce désert, ce silence de mort, ces lumières éclatantes font pourtant du canal de Suez une vision unique.

Enfin voici la Méditerranée, c'est-à-dire l'Europe. L'Afrique est bien loin derrière nous; le canal nous a brusquement transportés d'un continent dans l'autre. Il fait frais, je puis reprendre ma cabine.

C'est d'abord la Crète qui élève devant nous ses hautes montagnes rocheuses, puis c'est un cuirassé français qui se rend à Constantinople, et nous le saluons comme un poste avancé de la France.

Nous traversons le détroit de Messine en pleine nuit de nouvelle lune, mais Reggio et Palerme nous éclairent; le passage est étroit, une erreur minime nous jetterait sur Charybde en voulant éviter Scylla. Ce sont les souvenirs latins qui nous reviennent, et il est drôle de les entendre citer par des Anglais avec leur accent.

Voici l'Etna, le Stromboli, enfin le Vésuve et la baie de Naples. Mais cela, c'est trop bien l'Europe pour en parler. Naples m'a fortement déplu avec ses mendiants paresseux, sa musique agaçante, sa côte dénudée. Pour comble, j'ai vu au matin un homme assassiné sur un banc de pierre, la chemise couverte de sang, et la foule ne paraissait nullement émotionnée.

Nous longeons la Corse par le nord, en vue de Bastia, et enfin, après trente-six jours de traversée depuis Durban, nous entrons à Marseille. Cette fois c'est plaisir de voir la vie et le mouvement, contrastant d'autant plus avec la nonchalance de Naples; et quelle merveille d'y trouver le soleil aussi radieux qu'en Afrique !

Merci à Notre-Dame de la Garde avant de filer en express vers les montagnes de la Savoie ! Mais, qui sait? des rives du Léman, nous voguerons peut-être à nouveau vers ces lointains rivages que nous avons appris à apprécier. Ce n'est plus le continent noir des vieux navigateurs ; la nature africaine dévoile peu à peu toutes ses splendeurs de joie et de soleil.

8 décembre 1896.

CHAPITRE XVI

LES CHAMPS AURIFÈRES DE L'AFRIQUE DU SUD.

Nous résumerons dans ce chapitre nos observations publiées dans la *Revue universelle des Mines* (janvier 1897) et dans les *Annales des Mines* (mars 1897), en y joignant des vues d'un ordre plus général.

Les champs aurifères principaux sont ceux du Witwatersrand, les plus étendus et les plus riches, et après eux ceux de Lydenburg, de de Kaap, du Murchison Range et du Charterland.

I. — *Le Witwatersrand.*

Les minerais aurifères exploités au Witwatersrand sont d'une nature toute spéciale, complètement différente de celle des filons et venues aurifères que l'on connaissait auparavant. Ce sont des couches de conglomérats très régulières, ayant l'apparence d'alluvions, avec des galets roulés de quartz, mais dont l'ensemble est devenu aussi dur et aussi compact que le roc solide. On y distingue parfaitement les galets du ciment pyriteux et chloriteux qui les relie, et dans lequel se trouve l'or; c'est cette apparence qui leur a fait donner par les Hollandais le nom de banket, qui est une sorte de gâteau aux amandes, ces amandes étant figurées par les galets quartzeux.

Ce qui constitue la valeur, unique dans l'histoire des mines d'or, des conglomérats du Rand, c'est leur régularité comme étendue en longueur et en profondeur, et comme teneur en or. Cette régularité est telle qu'on a pu les assimiler à des couches de charbon, estimer et cuber leur richesse future, et même traiter en bien des cas leur exploitation comme celle des couches de houille. Les mineurs du Rand ont donc rencontré dans ce genre de filons toutes les facilités réunies pour les exploiter économiquement : la teneur régulière, ne laissant pas d'aléa et permettant les prévisions éloignées; l'inclinaison moyenne la plus favorable; la solidité des roches encaissantes, supprimant les boisages dispendieux dans un pays où il n'y a pas de bois; l'absence d'infiltrations aurifères importantes; l'altitude élevée, permettant l'exploitation aux grandes profondeurs, sans grande augmentation de chaleur; au point de vue des traitements des minerais, le voisinage immédiat d'immenses couches de houille fournissant la force motrice à bas prix, condition nécessaire avec des minerais qui ne sont pas en général très riches; enfin la salubrité d'un climat magnifique, qui n'a pas été le moindre facteur du développement extraordinaire des mines d'or du Rand. Bien d'autres conditions d'un ordre plus technique se sont rencontrées encore, qui toutes ont contribué à rendre l'exploitation de ces mines la plus intensive et la plus économique, malgré le prix élevé de la vie dans un pays nouveau si éloigné des côtes.

Nous ne pouvons songer à décrire toutes ces mines, cela nous entraînerait beaucoup trop loin; nous ne pouvons faire qu'une rapide exposition des principales parties du Rand.

Le Rand peut être divisé en cinq sections : les Randfontein jusqu'au Champ d'or; les Roodepoort jusqu'aux Langlaagtes; la section centrale du Rand, la plus riche, de Langlaagte Estate à Witwatersrand, l'ancienne Knight's; l'East Rand depuis Balmoral; enfin Modderfontein, à qui nous rattacherons Rietfontein.

La section de Randfontein comprend d'abord cinq mines de ce nom qui toutes possèdent le même reef ou couche aurifère, très mince et très redressé. Ces mines sont sur la limite d'être *payables*, selon le mot anglais qui exprime avec précision l'idée d'une exploitation rémunératrice.

Ensuite, aux West Rand Mines, ces reefs sont beaucoup plus disloqués, sans être plus riches.

A York et à Lancaster, la zone s'améliore un peu, et ces deux mines possèdent un minerai exploitable, même dans les conditions actuelles, tandis qu'à Luipaardsvlei on retombe dans une région bouleversée.

Le Champ d'or et son deep level, le French Rand, possèdent la meilleure zone de cette première section du Rand.

La seconde section, de Roodepoort à Langlaagte Estate, comprend une série de mines voisines de la limite d'exploitabilité, et dont la plupart, pour cette raison, n'ont pas encore donné de résultats satisfaisants, mais pourront en donner dès que les conditions du Rand s'amélioreront. Ce sont les suivantes : Banket, Princess, Roodepoort, United avec Durban Roodepoort, les seules du groupe ayant donné des dividendes; Kimberley Roodepoort, Vogelstruis, Bantjes, les Aurora, New Unified, Main reef Consolidated, Langlaagte Star, New Croesus, Block B, Langlaagte United, qui commence à donner de bons résultats, grâce à une direction économique française qui a remplacé l'ancienne direction; Paarl Central qui a également donné des espérances; Langlaagte Royal enfin, où les reefs sont très bouleversés.

Nous arrivons à la plus riche section du Rand, dont

toutes les mines ont payé, ou payent des dividendes ; quelques-unes ont déjà remboursé dix et quinze fois leur capital initial.

Ce groupe extraordinaire et unique au monde comprend les mines suivantes : Langlaagte Estate, Crown Reef, Pioneer, Bonanza, Robinson, Worcester, Ferreira, Wemmer, Salisbury, Jubilee, Village, City and Surburban, Meyer et Charlton, Wolhuter, Spes Bona, George Goch, Henry Nourse, New Heriot, Jumpers, Treasury, Geldenhuis Estate, Geldenhuis Main reef, Stanhope, Simmer et Jack, New Primrose, May Consolidated, Glencairn, et Witwatersrand, ancienne Knight's.

Ce sont les deeps levels de ce groupe de mines, avec ceux de l'East Rand, qui constituent l'avenir de Johannesburg. Ces deeps appartiennent à deux puissantes compagnies : les Rand Mines et les Consolidated Goldsfields. Les sondages Bezuidenville, Victoria, etc., les puits de Robinson deep, ont démontré la présence des reefs aurifères à dix-huit cents mètres de distance horizontale des affleurements et à mille mètres de profondeur verticale. Rien n'empêche d'espérer qu'ils seront exploitables à une bien plus grande distance, puisque leur inclinaison tend à devenir horizontale en profondeur et que leur richesse se maintient sur près de vingt kilomètres de longueur, et à deux mille mètres de distance de leur affleurement. En outre, comme nous l'avons dit, ils seront certainement exploitables pratiquement à des profondeurs plus considérables que dans n'importe quelle autre région minière : aucun des obstacles des grandes profondeurs, ni l'eau, ni la chaleur, ni les éboulements, ne seront à craindre dans les roches aurifères du Rand.

Ces deeps levels s'appellent Langlaagte deep, Crown deep, Robinson deep, Ferreira deep, Village deep, Nourse deep, Jumpers deep, Geldenhuis deep, Jupiter, Simmer West, Rand Victoria, Simmer East, Rose deep, et Glen deep, enfin Knight's deep et Knight's Central sur les deeps de Witwatersrand.

D'autres deeps, la seconde rangée, leur succéderont sans doute, les South Rand mines, Booysen Estate, Bezuidenville City deep, peut-être même Mooifontein, etc., tous appartenant aux mêmes compagnies, Rand Mines ou Consolidated Goldfields.

La quatrième section du Rand entre depuis cette année 1897 dans l'ère des dividendes, c'est-à-dire qu'elle commence à être exploitée régulièrement et avec profit ; elle comprend les mines suivantes, sur deux reefs parallèles distants de deux à trois cents mètres : Witwatersrand deep, Balmoral, Ginsberg, Driefontein, Angelo et New Comet ; ces trois dernières avec leurs deeps appartiennent à une puissante compagnie, l'East Rand, qui joue dans cette région le rôle des Randfontein dans l'ouest du Rand. Il y a encore trois autres mines dans l'East Rand, mais elles sont si mal et surtout si défavorablement connues à présent que l'on n'a guère le droit de compter sur elles, avant que les conditions de la main-d'œuvre dans le Rand s'améliorent considérablement. Ce sont Agnès Munro, Cinderella et Blue Sky.

Il ne nous reste plus que la dernière section du Rand, celle de Modderfontein, séparée de la précédente par de grands rejets des terrains aurifères. Nous y comprenons Rietfontein, parce que cette mine paraît exploiter simplement le lambeau écarté qui fait défaut dans la série du Rand, après l'East Rand, et qui est recouvert par le terrain houiller. Dans ce groupe de mines, il n'y en a que deux qui possèdent des reefs continus et réguliers : Kleinfontein et les Van Ryn; les autres n'ont que des zones plus ou moins riches et travaillent irrégulièrement; ce sont les Rietfontein, New Chimes, Modderfontein, Chimes West, Benoni, Apex. Les deeps principaux sont Modderfontein et Kleinfontein Central, et, comme tels, pourront arriver à devenir exploitables, sauf appauvrissement en profondeur.

Telles sont les mines du Rand. Nous ne parlerons pas des autres reefs reconnus qui n'ont donné que des résultats temporaires, mais dont plusieurs pourront peut-être être repris avec avantage lorsque les conditions du Rand s'amélioreront. Il faut citer, dans ces groupes, les mines Violet, Rip, etc., Windsor Luipaardsvlei, qui a cessé de travailler depuis plusieurs années, enfin New Midas, Marie-Louise, etc.

Comme complément du Rand, il faut mentionner les deux districts de Heidelberg et de Klerksdorp, qui ont causé de grandes déceptions ces dernières années, mais où un certain nombre de mines pourront cependant devenir exploitables. A ces districts appartiennent les mines Nigel, Buffelsdoorn, Eastleigh, etc., pour ne citer que les plus connues.

En terminant cette revue rapide du Rand, nous ne pouvons mieux faire que rappeler les opinions de Hays Hammond et du professor Becker, au sujet de l'exploitabilité des reefs du Rand aux grandes profondeurs, jusqu'à seize cents mètres. Les accidents seront moins nombreux, la teneur ne semble pas diminuer, la température croit moins rapidement que dans les autres pays d'Europe et d'Amérique, le charbon baissera de prix, la machinerie sera meilleure et plus économique, le travail sera réparti sur une plus large échelle, le traitement des slimes ou résidus boueux des usines, récemment introduit, assure un supplément de profit. Même le travail en chantiers voisins de l'horizontale ne sera pas un inconvénient, car dans plusieurs mines il a été déjà pratiqué sans augmentation appréciable des frais d'exploitation.

La récente enquête faite à Johannesburg par la

Commission industrielle a abouti à un rapport concluant énergiquement à la nécessité d'abaisser les tarifs qui grèvent lourdement l'industrie minière et les conditions de la vie à Johannesburg. Il y a eu une si grande abondance et concordance des documents présentés, et le gouvernement boer, qui a pris l'initiative de cette commission, a donné des preuves telles de sa bonne volonté, qu'il y a tout lieu d'espérer une nouvelle ère de prospérité pour le Rand, dépassant tout ce qui s'est passé jusqu'à présent.

D'autres motifs encore viennent poser comme une nécessité le développement agricole du Transvaal pour rendre les conditions de la vie au Rand plus abordables et semblables à celles des autres pays de mines d'or, comme le Canada et les États-Unis. C'est d'abord la surabondance de main-d'œuvre blanche, par l'arrivée d'une quantité d'ouvriers de tous pays qui ont cru trouver, dès leur arrivée, des emplois remunérateurs à Johannesburg, et se sont heurtés à un encombrement de toutes les situations. C'est ensuite la famine qui a désolé une partie du Transvaal, à la suite des ravages de la peste bovine. Le journal boer *Volksstem* a pris l'initiative de demander que les fils des Boers apprennent le métier de mineur dans des écoles instituées dans ce but, et soient employés par l'industrie minière; ce fait est significatif, car jusqu'à présent les jeunes Boers ne voyaient pas autre chose que la vie des champs et la seule culture de ce qui était nécessaire à leur subsistance, ne souhaitant que jouir du repos et du soleil, sans souci du reste, un peu comme les Cafres.

C'est encore l'emploi de plus en plus courant des perforatrices à air comprimé ou électriques, récemment inaugurées, et destinées à remplacer les noirs par des ouvriers blancs moins nombreux et plus intelligents.

La commission industrielle a posé comme un principe la nécessité pour le gouvernement de s'occuper du développement agricole du Transvaal, et il n'est pas douteux qu'avec les efforts combinés des Anglais et des Boers, avec la prospérité d'au moins cinquante ans, et probablement bien plus longue, que lui assurent les mines d'or, ce pays, uni au reste de l'Afrique du Sud, avec le climat et le sol dont il jouit, n'arrive à un développement semblable à celui de l'Amérique du Nord. Mais il y faut plusieurs conditions : de la bonne volonté, du temps, et une administration qui sache utiliser ses ressources pécuniaires. Des pays comme les districts de Lydenburg et du Zoutpansberg, dont nous allons décrire rapidement les principales ressources minières, puis le Rustenberg, le Waterberg, etc., sont éminemment propres à la vie pastorale, à l'élevage des troupeaux et à l'agriculture ; si leur éloignement a jusqu'ici entravé leur développement, la construction des nouveaux chemins de fer les mettra rapidement en communication avec les grands centres industriels.

II. — *Le district de Lydenburg.*

Nous avons décrit ailleurs l'histoire des alluvions aurifères de ce district, l'un des plus pittoresques et des plus riches du Transvaal, avec ses rivières et sa végétation ; il est donc inutile d'insister sur la description des alluvions de Pilgrim's Rest, de Mac Mac, de Spitzkop, etc., que l'on n'exploite guère qu'avec quelques monitors hydrauliques.

Ce n'est que récemment que les véritables filons aurifères ont été mis à jour, et ils commencent seulement à être exploités en grand, et suivant une méthode tout à fait industrielle. Ces filons ont une allure tout à fait spéciale et sont, à plusieurs points de vue, une exception presque aussi remarquable que les reefs du Rand. Ce sont des couches de quartz intercalées dans des assises de calcaires dolomitiques ; on a bien trouvé quelques quartz dans les schistes, mais les seules riches découvertes ont été faites dans la dolomie. Cette formation dolomitique s'étend sur plus de cent kilomètres en ligne droite, du confluent de la Blyde avec l'Ohrigstad River jusqu'au Devil's Kantoor, au sud du Crocodile River et de la voie ferrée de Delagoa-Bay, et sur toute cette étendue on a découvert des quartz plus ou moins riches en or. On a même reconnu la Dolomie plus au nord dans le Zoutspansberg, et plus au sud, dans le Zoulouland. Ces champs aurifères ont donc une étendue comparable à celle des conglomérats aurifères qui ont été reconnus dans une très grande partie du Transvaal.

Jusqu'à présent il n'y a cependant que deux compagnies qui exploitent avec succès les reefs de la dolomie : ce sont Glynn's Lydenburg et les Transvaal Gold Mining Estates, mais cette dernière Compagnie exploite plusieurs groupes de mines répandues sur un territoire immense. On peut citer aussi Lisbon-Berlin avec Frankfort, puis Graskop, Spitzkop, et le Kantoor avec les mines Barett et Coetzestroem.

En partant du nord, les premières mines que nous rencontrons sont celles de Belvédère et Wakkersdal, encore à peine ouvertes. Viennent ensuite Lisbon-Berlin et Frankfort, près des champs d'alluvions aurifères de Waterfal et de Rotonda ; l'on y exploite très économiquement un reef de quartz pauvre, mais régulier et d'une assez grande étendue. Les Goldfields of Lydenburg, et d'autres grandes compagnies, possèdent de nombreuses fermes dans cette région.

A Pilgrim's Rest se trouvent les mines les plus nombreuses et les plus riches, appartenant aux Transvaal Gold Mining Estates : New Clewer, Jubilee, Theta, Khi, Beta, Ophir, Grootfontein, etc. On a construit une batterie centrale avec usine de chloruration, chemins de fer électriques, etc.; c'est là une entreprise minière tout à fait comparable aux plus riches mines du Rand; le minerai est riche, et les reefs sont très étendus; peut-être même s'agit-il partout du même reef, reconnu surtout lorsqu'il affleure dans les ravins.

Dans la vallée de Mac Mac, on travaille à Graskop un reef pauvre, mais pouvant donner des résultats à cause de la méthode économique de l'exploiter à ciel ouvert. A Glynn, sur la Sabi, on a rencontré un reef beaucoup plus riche, et dont l'exploitation sera la plus rémunératrice de tout le district de Lydenburg, à cause du peu de frais qu'ont nécessité les recherches et les travaux de développement. A Spitzkop, on retombe sur un reef pauvre, comme ceux de Graskop et de Frankfort, mais qui paraît exploitable économiquement.

Plus au sud, à Nelspruit, sur la Sabi, on a mis à jour récemment un reef qui paraît riche.

Enfin au Devil's Kantoor, à Barrets-Berlin, on travaille depuis plusieurs années des reefs pauvres, mais faciles à exploiter. Cette affaire est une des seules qui aient déjà distribué des dividendes dans le district de Lydenburg.

Mais, nous devons y insister, ce district est encore à

peine connu et renferme probablement des richesses à peine soupçonnées. Il faudrait y faire des recherches méthodiques et plus complètes. Aucune raison ne s'oppose à la possibilité de mettre à jour des zones aurifères aussi riches que celles qui ont déjà été découvertes, tout en remarquant que toutes celles-ci ont été trouvées au voisinage d'alluvions aurifères.

III. — *Le district de de Kaap.*

Les deux vallées de de Kaap et du Komati sont à peu près parallèles et descendent successivement vers le Crocodile River, la première à Kaapmuiden, la seconde à Komati Port. Il existe plusieurs bandes de roches aurifères ou *gold belts*, dont les plus importantes sont celle de Barberton, qui s'étend des collines de la Sheba à celles de Moodie's, et celle de Steynsdorp ou du Komati.

Dans les collines de la Sheba, on a mis à jour un grand nombre de filons quartzeux aurifères, dont le principal est celui de la célèbre mine *Sheba*. Les autres mines sont Royal Sheba, Joe's Luck, Woodstock, Victory Hill, Consort, etc., mais elles n'ont jamais donné de résultats importants, alors que la Sheba a été et est encore la plus riche mine de l'Afrique du Sud.

Le filon, comme la plupart de ceux de la région, sauf qu'il est incomparablement plus puissant et plus riche, est formé d'une intercalation de quartz noir veiné de quartz blanc dans des assises de quartzites, schistes et conglomérats. Ces intercalations de quartz vont en se ramifiant dans le quartzite, et c'est le corps central de ces ramifications qui constitue la mine de la Sheba ; le minerai forme donc comme une colonne riche de douze à vingt-cinq mètres de puissance, et déjà connue sur trois cents mètres de profondeur : sa largeur varie de soixante à cent vingt mètres, mais tout ce minerai n'est pas également bon ; il est lui-même réparti par poches riches dont la plus considérable a été de soixante mille tonnes.

D'autres colonnes riches, nommées Oriental, Edwin Bray, du nom du prospecteur qui a découvert la Sheba, ont été explorées, et le total des vides creusés dans ces reefs dépasse six kilomètres, dont quinze cents mètres de puits. Cette mine a rendu souvent quatre à six onces à la tonne ; elle a déjà produit de l'or pour plus de 35 millions de francs. C'est une véritable concentration d'or qui s'est produite en cet endroit.

La vallée, ou plutôt le ravin pittoresque où se trouve la Sheba, offre un aspect industriel en contraste frappant avec les déserts qui l'environnent, déserts inhabités, mais non stériles ; ce ne sont qu'amoncellements de minerais, de tailings et de résidus, usines de broyage, batterie de cent vingt pilons, usine de cyanuration, moteurs électriques et hydrauliques, câbles de transmission, câbles porteurs, railway de dix kilomètres allant de la mine à la station d'Avoca, etc. Tout autour, comme à Pilgrim's Rest, les montagnes sont couvertes de travaux de surface, de grattages, indiquant la place des nombreuses veines aurifères qui vont converger vers la Sheba; ce sont : Golden Valley, Caledonian, King Solomon, Last Hope, etc., et surtout les Zwartkopjes, appartenant d'abord à MM. Lewis et Marks, aujourd'hui la propriété de la Sheba. Le minerai de Zwartkopjes a atteint une teneur de vingt-trois onces à la tonne pour plusieurs centaines de tonnes ; environ cinq cents tonnes broyées ont donné en or près d'un million de francs.

Dans les collines de Moodie's, on a découvert également un grand nombre de reefs, mais très minces et sans étendue. Certains affleurements ont été extrêmement riches en or visible ; tels sont : Ivy, Pioneer, Woodbine, Montrose, etc. En d'autres points, on a trouvé de véritables gisements de pyrite : Mount Morgan, et tout à fait au nord de Barberton, North Sheba, etc. Une certaine compagnie nommée Moodie's Cy, a installé une usine centrale d'électricité dans la vallée de de Kaap, au bord de la Queen's River, et transmet la force motrice à un certain nombre de ces mines, qui, situées au sommet des montagnes, n'ont pas d'eau en quantité suffisante et manquent de charbon et de bois de chauffage.

A Steynsdorp, les veines aurifères sont encore plus restreintes et plus pauvres qu'à Moodie's et autour de la Sheba, mais les reefs sont de la même nature ; les plus connus sont ceux de Unity, Comstock, Gipsy, Queen ; il faut citer enfin Pigg's Peak et Forbes reef, sur l'autre versant des mêmes montagnes, mais dans le Swaziland.

IV. — *Le Murchison Range et le Zoutpansberg Malmani, etc.*

Dans le Zoutpansberg, on a exploité des filons aurifères en trois endroits principaux : le Murchison Range, le Letaba, et Marabastad. Les villes principales de cette région sont Leydsdorp, Pietersburg et Marabastad. Le moyen le plus facile de s'y rendre de Prétoria est de prendre le coach de Pietersburg Leydsdorp, qui fait ce service trois fois par semaine.

Les petites chaînes de collines du Murchison Range font partie du bas pays ou *low country*, en général malsain et fiévreux, habité par le gros gibier et infesté par la mouche tsétsé, qui est mortelle pour les bestiaux. Les plaines y sont couvertes de bush, broussailles et hautes herbes, et il n'y a pas d'eau de surface pendant la saison sèche ; ailleurs les marais, au voisinage des rivières, sont une source de fièvres qui ont fait de nombreuses victimes, notamment lors de la construction du chemin de fer de Silati. La culture et un drainage méthodique sont indispensables pour rendre ces régions saines et habitables.

Les veines aurifères sont des quartz en intercalations lenticulaires dans les assises schisteuses, comme dans une partie de la région de Moodie's ; on peut les suivre sur de grandes longueurs, dont les deux principales sont le Silati ou Murchison Range et Letaba.

Au Murchison Range, il y a plusieurs filons parallèles, dont les plus au nord renferment de l'antimoine en même temps que de l'or ; les mines principales sont : Gravelotte, la France, Caledonian, Blue Jacket, Silati, Sutherland. Cette dernière a seule été exploitée régulièrement quelque temps, et sa teneur est très rapidement tombée, à faible profondeur.

Au Petit Letaba, la mine New Birthday a également été en activité quelques années. Les autres mines, Ellerton, Letaba, comme celles de Marabastad, Ersteling, etc., n'ont jamais donné de résultats encourageant l'installation d'une industrie durable.

Il existe très peu d'alluvions aurifères dans le Zoutpansberg, sans doute à cause des effets considérables de dénudation et d'érosion qui ont affecté toute cette région. En outre, ces alluvions sont très pauvres.

Le Zoutpansberg a produit en tout pour six millions d'or environ. Cette région ne paraît guère offrir d'avenir à l'industrie aurifère : partout où existent des reefs puissants et riches, ils se manifestent aux premiers arrivants par de sûrs indices, comme cela a été le cas pour la Sheba et les plus riches mines du Rand, les premières ouvertes. Nous allons voir que les vieux travaux du Charterland semblent indiquer, au contraire, que l'on a exploité là, en quelques points du moins, des gisements aurifères d'une assez grande étendue.

Avant de quitter le Transvaal, il faut citer les champs d'or de Malmani ou Ottoshop, dans le district de Rustenberg; l'on y a trouvé quelques veines de quartz sans consistance, dans le calcaire dolomitique, qui est en outre très perméable et forme un niveau d'infiltrations aquifères dangereuses pour les travaux souterrains.

Il n'est pour ainsi dire pas de district au Transvaal où l'on n'ait trouvé des traces de gisements aurifères : Vryheid, Bloemhof, Carolina, Blaauwbank, etc. Dans les pays voisins, Zoulouland, État d'Orange, Griqualand, etc., on a fait aussi divers essais sur des quartz et des conglomérats, mais sans succès jusqu'à présent. Au Cap même, une Compagnie a essayé d'exploiter les Knysna Goldfields sur la côte, dans la baie de Knysna, mais elle n'a pas réussi à prouver l'existence d'un gisement de valeur, non plus que les Herbert Goldfields, près de Kimberley.

V. — *Charterland*.

Il faut distinguer trois grands districts dans ce pays : le Manicaland, le Mashonaland et le Matabeleland. Mais partout la formation aurifère est la même : elle consiste en alignements de roches schisteuses et dioritiques, avec quelques grès et quartzites reposant, sans concordance généralement, sur les granits et les gneiss. Comme nous l'avons vu, toute la région témoigne de phénomènes de désintégration et d'érosion très intenses, ayant produit des éboulements granitiques. Par contre, les grandes dislocations sont très rares, et les veines quartzeuses aurifères n'ont eu lieu que dans des fentes et des cassures sans grande importance. Les anciens travaux sont très étendus, et nous avons eu occasion d'en parler ; nous ne dirons ici que quelques mots des récentes entreprises minières.

A Manica (Umtali), on a ouvert sur le territoire portugais le Guy Fawkes reef, appartenant à la Compagnie Pardy's Mozambique, qui a donné une once à la tonne sur douze cents tonnes. En territoire anglais, les reefs les plus étudiés sont ceux de Penhalonga et de Rezende, ce dernier reconnu sur trois à quatre cents mètres de longueur, tandis qu'on peut suivre la trace de Penha-longa tout le long des collines sur huit à dix kilomètres. Mais il n'existe que des colonnes riches plus ou moins exploitables dans ces reefs. En outre, tout le long des rivières Umtali et Revue, on a reconnu la présence de plusieurs couches d'alluvions aurifères anciennement exploitées, et qu'on pourrait peut-être reprendre par la méthode hydraulique, en profitant des chutes de l'Umtali River : mais ces alluvions ne paraissent riches que par taches.

Au Mashonaland, il y a plusieurs districts aurifères : Salisbury et Entreprise, Mazoé, Lo Mogundis, Umfuli ou Hartley Hills, Abercorn, Mount Darwin, et Victoria. Nous ne pouvons songer à citer tous les reefs découverts; la plupart d'ailleurs sont sans grande valeur. Mais deux régions surtout sont couvertes d'amoncellements de vieux travaux: ce sont Mazoé et l'Umfuli.

A l'Umfuli, il faut citer les reefs du Lion et du Tiger ; le reef antimonieux d'Inez, et le reef de Béatrice, qui a rendu à un essai de broyages près de six cents onces pour cent tonnes, mais il serait difficile de compter sur le maintien de cette teneur.

A Mazoé, les anciennes mines les plus importantes sont répandues tout autour de celle que l'on a appelée Alice, et où l'on a installé une batterie, mais nous en avons vu d'aussi considérables, à peine encore explorées, au mont Mapondera, au mont Gotha, et à Lo

Mogundis, au Mtopota ; on connaît enfin les *Sheba old workings*, beaucoup plus au nord, sur la rivière Angwa. Avec Alice, la mine Ayrshire, non loin du Mtopota, est la plus développée au nord de Salisbury.

A Victoria, les principaux reefs travaillés ont été ceux de Cotopaxi et Dickens ; ils sont abandonnés depuis lors, sans avoir donné de résultats suffisants.

Au Matabeleland, les districts aurifères s'appellent Gwanda, Insiza, Bellingwe, Selukwe, Shangani, Bembesi, et Sabakwe. Les reefs les plus intéressants, et ceux où les vieux travaux sont les plus importants, sont ceux de Bonsor et de Tebekwe, où l'on parle d'installer des batteries.

Il faudrait parler aussi des filons aurifères de Tati, dont la concession fait partie du Bechuanaland, et non du Charterland. Ces filons sont travaillés depuis longtemps : c'est Carl Manch qui les a découverts. L'on y a récemment élevé une batterie de trente pilons et une usine de cyanuration.

Voici d'après Selous, qui l'emprunte à M. Arnold, secrétaire de la chambre des mines de Salisbury, la production en or du Charterland à la fin de 1896 :

Mines.	Tonnes broyées.	Onces.
Alice	2	7
Auriga	41	49
African	150	97
A reporter...	193	153

Mines.	Tonnes broyées.	Onces.
Report...	193	153
Birthday.	100	104
Beatrice.	100	563
Bonanza.	201	80
Cotapaxi.	4,857	2,328
Congress on Hill.	20	15 1/2
Concession.	4	7 1/2
Dickens.	1,090	1,084
Golden Quarry.	23	96
Golden Horse Shoe.	100	71
Glendarra.	3	7 1/2
Hidden Secret et Rob Roy.	120	60
Heathfield.	2	20 1/2
Inez.	40	97
Just in time.	3/4	27
Lion.	2	5 1/2
Matchless East.	12	20
Matchless West.	12	20
Natal.	6	7
Old Chum.	20	49
Nil Desperandum.	2	2 1/2
Panhalanga.	50	50
Pioneer.	18	10 3/4
Standard N° 2.	278	222
Shepherds.	6	10 1/2
Salamander.	799	439 1/2
Shankaru.	25	75
Vesuvius.	40	90
	8,131 3/4	5,707 1/2
Ancient Ruins.		357
Alluvial de Manica.		84 1/2

Il est probable, à notre opinion, qu'en certains points où les vieux travaux sont particulièrement étendus, mais encore mal étudiés ou même non étudiés, on pourra trouver une concentration suffisante, et assez riche en or pour mériter des travaux importants et donner des résultats d'avenir.

Nous insisterons un peu sur les conditions matérielles du Charterland, parce que ce pays est encore beaucoup moins connu que le reste de l'Afrique australe.

Au point de vue de l'exploitation et de l'administration des mines, il y a lieu de faire quelques observations.

Les mines sont régies par une loi spéciale, promulguée en 1895 et d'ailleurs sujette à des revisions, il est donc inutile d'entrer dans des détails. C'est une combinaison de la loi de l'or du Transvaal et de la loi des mines des États-Unis. Les formalités sont réduites à leur plus grande simplicité. Les deux caractères principaux de cette loi sont la concession des reefs aurifères sur toute leur profondeur, et l'imposition d'un droit de 50 pour 100 prélevé par le gouvernement sur les actions émises à la fondation de toute société d'exploitation.

Ce droit exorbitant de 50 pour 100 a été mitigé jusqu'à 20 pour 100 pour quelques compagnies, et il est à souhaiter qu'il le soit toujours, car il suffirait à décourager bien des exploitants, quelles que soient les raisons qui l'ont fait instituer légalement.

La concession d'un reef en profondeur, accordée également aux États-Unis, entraîne de grandes difficultés, lors des rejets ou des croisements des reefs.

Le chef de l'administration des mines, ou ministre des mines, réside à Salisbury, où sont centralisés les bureaux, mais il y a un autre bureau principal à Buluwayo, et un commissaire des mines dans chaque district minier ; on a vu que ces districts sont souvent immenses.

Quant à l'exploitation des mines, il paraît difficile d'y songer avant que le Charterland soit rendu plus abordable. Il n'existe encore que le télégraphe et le service des coachs traînés par des mules ; ce service se fait deux fois par semaine de Mafeking à Buluwayo et à Salisbury, une fois par semaine de Pietersburg (Transvaal) à Buluwayo, et trois fois par semaine d'Umtali à Salisbury. La construction des routes ne consiste qu'à abattre les arbres qui gênent le passage, et à aplanir un peu la côte au passage des rivières trop encaissées. Il est heureux que tout le haut plateau soit peu accidenté, sans cela il serait impossible de franchir, comme on le fait, en onze jours, les treize cents à quatorze cents kilomètres qui séparent Mafeking de Salisbury. Le pays fait l'effet d'avoir été improvisé ; or cela est absolument insuffisant pour sa mise en valeur ; les transports sont impossibles, ou à des prix fantastiques, et il faut six mois pour le transport des moindres machines ; les bœufs, qui ont commencé l'Afrique du Sud, sont un moyen extrêmement lent et bon seulement pendant la période des débuts.

Les chemins de fer n'offrent aucune difficulté de construction à travers tout le haut plateau, et ne coûtent pas cher ; on a pu poser un mille ou seize cents mètres de rails dans une journée. Le chemin de fer de Mafeking à Buluwayo sera achevé à la fin de l'année 1897. Du côté d'Umtali, on pousse activement le prolongement de la voie ferrée, qui atteignait Chimio lors de notre passage ; la section de Fontesvilla à Beïra est terminée tout le long de la rivière Pungwe ; il reste à poser le pont de Fontesvilla sur la Pungwe, il sera construit sur pieux à vis. Ce chemin de fer aboutit à Beïra et se termine par un wharf en fer porté par des pieux à vis, jusqu'à un tirant d'eau de douze mètres ; ce wharf était presque terminé le 21 août 1896, quand nous l'avons vu à Beïra.

Les chemins de fer sont non seulement l'indispensable moyen de transport, mais le plus puissant moyen de colonisation et de mise en valeur d'un pays nouveau. Le développement de l'agriculture doit accompagner parallèlement celui des mines ; or nous avons dit tout le parti qu'on peut tirer d'une grande partie de Charterland, au point de vue de l'élevage, du fermage et de la culture des céréales.

A ces derniers points de vue, l'on peut attendre les

mêmes résultats du Transvaal et du reste de l'Afrique du Sud. Ces pays, qui vivent encore aujourd'hui sur les mines d'or et les mines de diamants, s'en libéreront peu à peu, parce qu'ils sont susceptibles de produire par eux-mêmes ; ils sont destinés à jouir du plus grand facteur qui peut amener ce résultat, c'est-à-dire d'une administration très large et très ouverte, sans tracasseries, ni surcharge de fonctionnaires, laissant sa pleine expansion à l'initiative privée. Il est à souhaiter que nous arrivions bientôt à comprendre cette manière d'agir à Madagascar, cette grande île qui ne doit pas rester en arrière du continent voisin, et qui est aussi bien partagée par la nature de son sol, mieux partagée par ses côtes. C'est un espoir que nous exprimerons en terminant ces pages, qui n'ont voulu être qu'un reflet de la vue même des choses.

FIN.

TABLE DES MATIÈRES

		Pages.
Chapitres I.	— De l'Angleterre à Beïra par Cape Town.	1
— II.	— De Beïra au Charterland............	32
— III.	— Le Manicaland...................	53
— IV.	— Le Mashonaland et Salisbury.........	63
— V.	— La vallée de Mazoé au Mashonaland...	78
— VI.	— Buluwayo et le Matabeleland.........	97
— VII.	— Les ruines de Zimbabwé............	115
— VIII.	— Du Matabeleland à Prétoria..........	136
— IX.	— Johannesburg et le *raid* de Jameson..	147
— X.	— Prétoria et les Boers...............	168
— XI.	— Pilgrim's Rest et Lydenburg.........	175
— XII.	— Les sources de la Sabie............	192
— XIII.	— Les diamants à Kimberley..........	203
— XIV.	— De Kaap et Barberton.............	224
— XV.	— La côte est d'Afrique..............	239
— XVI.	— Les champs d'or de l'Afrique du Sud.	258

PARIS
TYPOGRAPHIE DE E. PLON, NOURRIT ET Cie
RUE GARANCIÈRE, 8.

www.ingramcontent.com/pod-product-compliance
Lightning Source LLC
Chambersburg PA
CBHW071503160426
43196CB00010B/1397